창업지원금 1억
받고 시작하는
초보 창업 방법

창업지원금 1억
받고 시작하는
초보 창업 방법

ⓒ 이혁재, 2019

초판 1쇄 발행 2019년 12월 16일
3쇄 발행 2021년 2월 26일

지은이   이혁재
펴낸이   이기봉
편집   좋은땅 편집팀
펴낸곳   도서출판 좋은땅
주소   서울 마포구 성지길 25 보광빌딩 2층
전화   02)374-8616~7
팩스   02)374-8614
이메일   gworldbook@naver.com
홈페이지 www.g-world.co.kr

ISBN   979-11-6435-970-7 (03320)

이 도서의 국립중앙도서관 출판예정도서목록(CIP)은 서지정보유통지원시스템 홈페이지(http://seoji.nl.go.kr)와 국가자료공동목록시스템(http://www.nl.go.kr/kolisnet)에서 이용하실 수 있습니다. (CIP제어번호 : CIP2019050659)

창업지원금 1억 받고 시작하는 초보 창업 방법

이혁재 지음

아이디어만으로 돈 없이 창업하는 방법
가장 쉽게 창업자금 조달하는 방법
창업지원금 1억 받고, 3억 더 받는 방법
합격하는 창업 사업계획서 작성 샘플

예비창업패키지, 청년창업사관학교, 초기창업패키지, 재도전 성공패키지, 중장년 예비창업패키지 등
1억원 이상의 창업지원금이 필요한 예비창업자와 초기창업자를 위한 책

좋은땅

목차

제3부 **창업 후 바로 해야 할 일**

창업지원금 **1**억
받고 시작하는
초보 창업 방법

내가 먼저 쓴 『초보창업자도 100% 성공하는 정부지원사업 합격 사업계획서 쓰는 법』은 정부지원사업과 사업계획서 관련 부문에서 베스트셀러가 되었다. 이 책을 읽고 정부지원사업에 합격한 많은 창업자들에게 꾸준히 감사 메일을 받고 있다. 그리고 그 창업자들이 이제는 창업지원금 받는 방법과 전략에 대해서 물어본다. 또 내가 운영하는 '초보 창업 방법'이라는 블로그를 통해서도 많은 **(예비)창업자들이 "저도 창업지원금 받을 수 있나요?"라고 물어보고 있다.** 매일 e-mail이나 블로그 댓글로 답을 해 주고는 있는데 (예비)창업자마다 창업지원금을 받을 수 있는 상황이 다 달라서 정확하게 설명하기 쉽지 않고 시간도 모자라서 제대로 답변을 못하는 경우가 있어 내가 더 답답했다. 정말 해 주고 싶은 말이 많은데 그러지 못하니까 안타깝고 아쉬웠다.

그래서 『창업지원금 1억 받고 시작하는 **초보 창업 방법**』이라는 이 책을 썼다. 이 책에서 (예비)창업자들이 창업할 때 제일 궁금해하는 **창업자 상황별로 창업지원금을 받는 방법과 창업 전후에 반드시 해야 할 일과 순서를** 설명하였다. 지난 12년간의 내 창업 경험과 2년간의 청년창업지원전문가로서 경험을 바탕으로 돈이 없어서 걱정하는 (예비)창업자들이 어떻게 하면 돈 없이 창업하여 사업비까지 지원받으면서 기업을 운영할 수 있는지를 사례를 들어가며 실용적인 관점으로 설명하였다. 또, **창업 사업계획서 샘플**을 통해 합격하는 **창업 사업계획서 작성 방법**을 상세하게 설명하였다. 내 아이디어를 기반으로 10페이지 내외의 창업 사업계획서를 직접 작성했고 각 페이지별로 작성 예시를 통해 작성 방법을 직관적으로 설명하였다.

나도 12년간 3번의 창업했지만 창업할 때는 항상 돈이 없었다. 처음에는 영업력만 믿고 동업으로 창업했다가 망했다. 두 번째 창업할 때는 대출을 받아서 개인사업자로 창업했는데 그 역시 망했다. 2015년에 세 번째로 창업할 때는 아이디어 **기술특허를 먼저 출원하고 1인 창조기업으로 창업해서 정부에서 약 15억원 상당의 지원을 받았다.**

창업은 돈으로 하는 것이 아니라 혁신적 아이디어로 하는 것이다. 우리나라에서는 아이디어만 좋으면 돈이 없어도 얼마든지 창업을 할 수 있다. **창업지원금으로 최대 1억원을 받아 창업하고 3년간 약 4.5억원 정도까지도 지원받을 수 있다.** 창업할 때 걱정할 것은 돈이 아니라 아이디어의 가치를 증명하는 것이다.

다만, 창업지원금 받는 방법을 미리 알고 있어야 제대로 지원받을 수 있다. 섣불리 창업을 했다가 자격이 안 되거나 시기를 놓쳐서 창업지원금을 못 받아 후회하는 경우를 너무 많이 봤다. (예비)창업자가 그런 후회를 하지 않도록 미리 '창업지원금 1억부터 받고 시작하는 초보 창업 방법'을 알려 주고 싶다.

이 책은 창업지원금을 받고 싶은,
① 만 39세 미만의 청년 예비창업자
② 만 40세 이상의 중장년 예비창업자
③ 폐업 후 재창업을 준비하는 예비창업자
④ 만 3년 미만의 초기창업자
⑤ 만 3년 미만의 재창업자
가 꼭 읽어 봤으면 좋겠다.

이 책은 예비창업자와 초기창업자가 창업지원금을 어떻게 받을 수 있는 것인지 명확하게 알려 주는 초보 창업 가이드가 될 것이다. 이 책을 읽다가 궁금한 것이 있으면 내가 직접 운영하는 블로그로 문의하거나 e-mail로 문의하기 바란다.

블로그: blog.naver.com/ariverly
e-mail: ariverly@gmail.com

이 책을 통해서 청년 예비창업자와 초기창업자가 목표한 창업지원금을 받는 데 도움이 되길 바란다. 나에게 이 책을 쓸 수 있도록 영감을 준『초보창업자도 100% 성공하는 정부지원사업 합격 사업계획서 쓰는 법』독자와 '초보 창업 방법' 블로그를 방문해서 많은 질문을 주시는 (예비)창업자 그리고 나를 전담 멘토로 두고 사업을 하고 계시는 예비창업패키지 창업 대표님들께 감사한 마음을 전한다. 끝으로 늘 응원해 주는 사랑하는 나의 가족 주소영, 이문용, 이예림에게 고맙다고 전한다.

2019년 12월
이혁재

제1부

창업의 기본과 원칙

제1장

**창업지원금 1억 받고
창업하는 게 창업의 기본**

(1) 돈 없는데 어떻게 창업하지?

○ **핵심 요약** ○

- 창업은 돈으로 하는 게 아니라 아이디어로 하는 것이다.
- 창업이 두렵고 돈이 걱정되는 것은 아이디어가 불확실하기 때문이다.
- 아이디어만 좋으면 국가, 지자체는 물론 엔젤투자자까지 얼마든지 지원해 준다.
- 따라서 아이디어가 있다면 돈 걱정하지 말고 밀고 나가라. 지금 걱정할 것은 돈이 아니라 아이디어의 가치를 증명하는 것이다.

돈 있는데 창업은 왜 하나?

창업을 고민해 본 적 있거나 고민하고 있다면 한 번쯤 생각해 봤을 것이다. 이 질문은 내가 청년 예비창업자를 대상으로 강의할 때 처음 꺼내는 화두이기도 하다. 창업을 꿈꾸는 대부분의 예비창업자들에게 가장 큰 고민은 바로 '돈'이다. 돈이 있어야 사무실 임대도 하고, 컴퓨터 집기도 사고, 원재료도 사고, 사람도 고용하고, 차에 기름도 넣고, 커피믹스도 산다. 그런데 우리는 돈이 없기 때문에 창업이 망설여진다. 과연 돈이 없어서 창업을 못하는 걸까?

▶ 창업할 때는 모두 다 돈이 없다

유명한 기업인들도 처음 창업할 때는 돈이 없었다. 물론 가진 돈이 많으면 창업할 때 조금은 수월할 것이다. 하지만 대부분은 창업할 때 돈이 부족하거나 거의 없다. 그래도 어떻게든 돈을 구해 창업을 한다. 그런데 창업 후 5~6개월 정도 지나면 창업할 때 마련한 돈은 거의 바닥난다. 소상공인이나 자영업이 아니라면 아이템을 개발하는 1년 동안은 매출도 거의 없다. 창업자는 월급도 거의 못 가져가고 직원 월급도 밀리기 십상이다. 일단 창업을 하고 나면 가진 돈도 금방 사라지고 그야말로 시련과 고난의 연속이다. **만약 돈이 있다면 창업하지 말고 투자해라. 투자하고 나서 고생하지 말고 놀러 다니는 것이 더 좋을 것이다.**

창업자는 돈이 없다. 놀러 다닐 여유도 없다. 돈을 벌고 싶다. 창업을 하면 돈을 많이 벌 수 있을 것이다. 그래서 창업을 한다. 창업은 돈이 있어서 하는 것이 아니라 돈이 없기에 하는 것이다. 창업할 때는 돈이 없이는 것은 매우 당연한 것이다. **그럼 창업할 돈은 어디서 구해야 할까?**

▶ 창업은 정부 창업지원금으로 하는 것이다

우리나라는 창업을 매우 권장한다. 창업이 활성화되면 고용 창출, 해외 진출, 내수 진작, 민생 안정 등에서 효과가 있다. 그래서 정부는 다양한 창업지원사업을 운영하고 있다. 예산도 매년 늘어나고 있다. 2020년 우리나라 전체 예산은 513조원[1]으로 2019년 대비 9.3% 증가 (43조원)하였는데, 이 중 중소벤처기업부 예산은 2019년 10.2조원에서 2020년에는 무려 31%나 증가한 13.2조원으로 편성되었다. 중소벤처기업부의 예산은 대부분 소상공인, 자영업자, 창업기업, 중소벤처기업 등을 위해 쓰인다. 그리고 이 중에서 2.5조원은 창업 · 벤처기업의 도약지원, 소상공인 · 자영업자 활성화 지원에 활용되는데, 2020년에는 전년 대비 약 50%(약 8,600억원) 증액되었다. 2020년 이후에도 계속 증가될 것이다.

우리나라 중앙정부 창업지원사업 예산은 2017년 6,158억원 → 2018년 7,796억원 → 2019년 1조 1,180억원으로 약 30% 이상으로 꾸준히 증가하고 있다. 2019년 기준으로 창업지원사업 수도 69개나 된다. 그것도 중앙정부의 창업지원사업만 정리한 것이다. 지자체별로 창업지원사업이 별도로 있으니 그것까지 합치면 최소 1.5조원은 될 것으로 보인다. 중앙정부의 창업지원사업 중 예비창업패키지, 청년창업사관학교, 초기창업패키지, 신사업청년사관학교 등은 (예비)

---

1 '513조원'의 띄어쓰기의 올바른 형태는 '513조 원'이나 정부기관 등에서도 '조원, 억원, 만원, 천원'으로 붙여 쓰는 것이 일반화되어 있어 이 책에서도 붙여 쓰기로 한다.

창업자를 대상으로 최대 1억원의 창업지원금을 지원하고 그 규모도 총 3,000억원에 이른다. 최대 1억원을 지원할 수 있지만 평균 5,000만원 정도 지원하는데, 연간 최소 6,000명의 (예비)창업자가 그 혜택을 받는다. 창업한 후에도 7년 이내 창업기업을 대상으로 매년 최소 5,000억원을 추가 지원해 준다. 그뿐만 아니라 청년전용창업대출과 소상공인창업대출을 통해서 창업자금을 낮은 이자로 지원해 주고 있다. **창업을 하고자 한다면 창업과 관련된 지원금은 얼마든지 나라에서 지원받을 수 있다. 그러니 돈 걱정하지 말고 얼마든지 창업 계획을 세워도 된다.**

창업 후 3년간 창업지원금 4.5억원 받는 방법

3명의 팀 창업자가 우수한(가치를 증명할 수 있는) 아이디어로 기술혁신형 창업을 한다면 아래와 같이 연평균 1.5억원, 3년간 4.5억원의 정부지원금을 받을 수도 있다. 실제 나는 창업 후 3년 동안 창업지원금, 정부R&D지원금으로 약 15억원 정도를 지원받았다. 현재 우리나라의 창업지원정책에 따라 차례대로 지원받으면 충분히 가능한 시나리오다. 실제 창업지원 정책은 창업 전 단계부터 창업 후 단계로 구분하여 지원하고 있고 창업기업은 업력에 따라 순차적으로 여러 가지 창업지원사업을 받을 수 있다. 그리고 제대로 창업을 하려면 당연히 창업지원금 등의 정부지원금을 받아야만 한다.

순번	시기	자금구분	지원사업명	최대지원금액	비고
1	창업 전	창업사업화	예비창업패키지	100,000,000원	
2	창업 후 2개월	일자리안정자금	일자리안정자금	10,000,000원	3년간 2명
3	창업 후 3개월	사무실 지원	창업보육센터 입주지원	30,000,000원	2년간
4	창업 후 2개월	사회보험료 지원	두루누리 사회보험료 지원	14,000,000원	3년간 2명
5	창업 후 8개월	고용지원금	청년추가고용장려금	27,000,000원	3년간 1명
6	창업 후 12개월	창업사업화	청년창업사관학교 또는 초기창업패키지	100,000,000원	
7	창업 후 18개월	마케팅 지원	1인창조기업 마케팅지원	20,000,000원	
8	창업 후 24개월	R&D	창업성장기술 개발사업	150,000,000원	
합계		연평균 약 150,000,000원		451,000,000원	

[창업 후 3년간 창업지원금을 받는 이상적 시나리오]

창업할 때는 위 8가지 사업을 연속적으로 참여하여 지원받는 것이 가장 이상적인 시나리오다. 그중에서도 제일 중요한 것이 창업 전에 예비창업패키지 창업지원사업에 합격하는 것이다. 이후 일자리안정자금, 두루누리 사회보험료 지원금, 청년추가고용장려금은 사업 신청과 동시에 지원금을 받을 수 있다. 또 창업보육센터 입주를 통해 사무실을 무상으로 이용하고 1인 창조기업 확인을 받고 1인 창조기업 마케팅 지원사업에 합격해서 2,000만원 상당의 마케팅 지원을 받아야 한다. 예비창업패키지 창업지원사업을 성공적으로 완료하고 나서 청년창업사관학교에 입교하고 1억원을 지원받아 기술을 개발한다. 그리고 그 기술을 바탕으로 1.5억원의 개발비를 지원하는 창업성장 기술개발사업에 합격하여 개발과 사업화를 동시에 추진하는 것이 이 상적인 창업 시나리오다. 충분히 가능한 시나리오이고 많은 창업기업이 이 시나리오를 기준으로 창업기업을 운영하고 있다.

창업할 때 걱정할 것은 '돈' 아니라 '아이디어의 가치 증명'

창업이 두렵고 돈을 걱정하는 이유는 창업자 스스로 아이디어(아이템)에 확신이 없기 때문이다. 그 아이디어의 실현가능성과 성공가능성, 수익성을 설득할 수 없거나 설명할 수 있는 논리가 부족하기 때문이다. **창업자는 아이디어의 가치를 스스로 증명해야 한다. 그것이 창업의 과정인 것이다.** 스스로 확신하고 사업을 진행해도 계획대로 되지 않아 실패하는 경우가 많은데 처음부터 창업자가 스스로 확신할 수 없는 아이디어로 창업하면서 '돈' 걱정부터 하면 결코 성공할 수 없다. 아이디어의 가치만 증명할 수 있다면 매년 1.5억원 이상의 창업지원금을 지원받을 수 있다.

매년 최소 1.5조원이나 되는 창업지원금이 예비창업자와 초기창업자들에게 지원된다. 이런 창업지원금을 예비창업자와 초기창업자에게 그냥 나눠 줄 수는 없다. 중앙정부나 지자체에서는 일정기간 창업지원사업 공고를 거쳐 창업사업신청서를 접수받고 창업 아이디어를 평가하고 예산에 맞는 인원을 선발하여 창업지원금을 지원한다. 중앙정부의 창업지원사업의 평균 경쟁률은 4:1에서 많게는 10:1 정도일 것으로 추정된다.

따라서 **창업지원금을 받으려면 창업자 본인의 아이디어가 다른 (예비)창업자들보다 더 우수해야 한다. 정확히 말하면 더 우수하다고 인정받아야 한다.** 창업지원사업의 평가위원이 창업 아이디어에 대해서 평가하고 점수를 매겨 당락이 결정되는데, 창업 아이디어는 기본적으로 '맞다/틀리다' 개념이 아니라 '가능성이 높다/낮다'라는 주관적 관점에서 평가된다. 따라서 창업 아이디어가 소규모 비즈니스라도, 기술력이 부족해도, 내부 인력의 능력이 다소 부족해도 아이디어의 가치를 증명할 수 있다면 창업지원금을 받아 창업할 수 있다.

지금 창업을 계획하고 있다면 돈 걱정은 그만하고 '아이디어 가치를 증명'하는 것에 모든 역량을 투입해야 한다. **만약, 창업자 스스로 아이디어의 가치를 증명하지 못할 것 같으면 아직은 창업할 때가 아닌 것이다.**

(2) 돈 없이 창업할 수 있는 4가지 방법

┌─○ **핵심 요약** ○─────────────────────────────────────┐

• 매출이 바로 발생하면 돈 없이 창업할 수 있다.

• 창업자금대출로 창업할 수 있다.

• 창업지원금, 정부R&D지원금으로 창업할 수 있다.

• 엔젤투자 유치를 통해 창업할 수 있다.

• 제일 좋은 방법은 정부로부터 '창업지원금'을 받고 창업하는 것이다.

└──┘

1. 할 수 있다는 혈기, 매출에 대한 확신

나도 12년간 3번 창업했지만 창업할 때마다 돈은 항상 없었다. 하지만 돈을 구해서 창업을 했고 회사를 운영했다. 첫 번째 창업은 동업이었고, 광고영업에 자신이 있어 **빠른 시일 내에 매출도 올리고 영업이익도 날 것이라 확신했기에 돈이 없어도 창업할 수 있었다.** 난 2007년 10월에 다니던 회사를 그만두고 창업을 준비했다. 내 나이 34세, 2008년 3월 동업으로 사업을 시작했다. 물론 그때도 가진 돈은 없었다. 사업 아이템은 단순히 모바일 분야 광고영업이었다. 영업을 해서 광고를 수주하면 대행수수료를 받는 사업이었다. 기술도 필요 없고 그냥 영업만 잘하면 먹고사는 데 문제가 없는 사업이었다. 그때는 창업지원사업이라는 것도 없었고, 알지도 못했으며, 조사할 생각도 안 했다. 대출이라는 것은 '연대보증' 때문에 아예 생각하지도 않았다. 동업자가 대표였고 개인사업자로 창업했지만, 동업계약서는 쓰지 않았다. 처음에는 문제 될 것이 없었다. 나는 서류상으로는 그 냥 직원이었다. 그래서 나는 정식으로는 직접 창업한 것은 아니었다.

돈 없이 창업할 수 있었던 이유도 간단하다. 일단 사무실은 동업자 의 오피스텔이었기 때문에 임대료가 필요 없었고, 두 사람의 인건비 는 서로 퇴직금을 받은 것이 있어 6개월 정도는 버틸 수 있었다. 6개 월 내에는 광고영업을 통해서 돈을 벌 수 있다고 확신했다. 그리고 실제 광고영업이 순조롭게 진행되었고, 제휴영업도 잘되어 거래처도 늘고 매출도 늘었다. 그해 바로 법인으로 전환하여 흑자를 달성했다.

그렇게 5년을 하니 경쟁이 심해졌고 매출은 점점 떨어졌다. 기술력 도 부족하고 새로운 아이디어는 계속 실패했다. 스마트폰이 보편화 되기 시작했는데, 시장 적응에 실패하면서 돈이 바닥나기 시작했다. 회사는 점점 더 어려워져 직원들이 하나둘씩 나갔다. 새로운 아이디 어로 창업한 것이 아니라 단순 영업만으로 창업을 했기 때문에 기술 적으로는 전혀 성장 동력이나 비전이 없었기 때문에 회사가 어려워 진 것이었다. 게다가 창업자와의 관계도 소원해지면서 결국 2012년 초에 회사를 그만두게 되었다. 결국 나는 망한 것이다.

돌이켜 보면 아이디어 없는 창업은 진정한 창업(創業)이 아니라 개 업(開業)이었던 것이다. 나는 2대 주주였지만 주식이 50%를 초과하 지 못해 법인의 중요 의사결정은 할 수 없었다. 주주로서 퇴사를 하 더라도 주장할 수 있는 것이 많았지만 주장하지 못했다. 그때 가장 후회되는 것이 바로 '동업계약서'를 쓰지 않았던 것이다. 만약 사업 초기 여러 가지 상황을 미리 예측하여 '동업계약서'를 써 놓았다면 헤어질 때 헤어지더라도 합리적으로 정리를 했었을 것이다. 하지만 전혀 그렇지 못했다.

2. 창업자금대출

2013년에 드디어 개인사업자로 창업했다. 두 번째 창업이지만 내가 대표자가 되는 창업은 첫 번째였다. 퇴사 후 잠시 IT벤처기업에 취직해 연구소장으로 재직하다가 그 회사가 어려워져 다시 창업을 결심했다. 퇴사 전에 내가 직접 특허기술을 기획하여 특허출원을 하고 특허등록까지 된 아이템으로 영업할 수 있는 영업권을 받아 나왔다. 다만 그동안 늘 내가 해 왔던 것처럼 특허기술을 모두 내가 기획했지만, 특허발명자를 내 이름을 하지 않았고 출원자도 회사 단독으로 했다. 직장생활에서 여러 가지 특허기술을 기획했지만 늘 그렇게 해 왔다. (하지만 나중에 후회가 되었다.)

나는 영업권이라도 받아 나왔기 때문에 그 아이템을 추가로 개발하면 가능성이 있을 것이라 확신하고 창업하기로 결심했지만 돈은 전혀 없었다. 그때 우연히 중소기업진흥공단(현, 중소벤처기업진흥공단)에서 만 39세 이내의 예비창업자에게만 '청년전용창업자금'이라는 대출을 해 주고 있는 것을 알게 되었다. 그때 정확히 만 39세였다.

대출 내용은 지금이랑 비슷한데 예비창업자나 초기창업기업을 대상으로 사업계획서를 평가하여 최대 1억원을 2년 거치, 5년 상환의 조건으로 이율 2.7%(지금으로는 말도 안 되는 높은 이율)로 대출해 줬다. 그런데 청년전용창업자금이 내게 중요했던 이유는 대출상환금의 일부를 면제해 주는 조건이 있었기 때문이다. 이 자금은 지금도 면제조건이 있다. 창업을 하고 성실하게 사업을 했는데도 실패했을 때 대출금 일부(약 40%)의 상환을 면제해 주는 조건이다. 이런 조건 때문에 많은 청년들이 청년전용창업자금을 신청했다. 나는 대출을 신청했고 서류평가에 통과되어 경기도 안산에 소재한 **중소벤처기업진흥공단 중소기업연수원에서 4박 5일간 숙식을 하면서 창업교육을 받았다. 그리고 마지막 날 최종 경쟁 PT를 통해 교육생 중 50%만 받을 수 있는 '청년전용창업자금' 1억원을 대출받는 수 있게 되었다.** 그때까지도 나는 예비창업자였다.

　　그리고 처음으로 **개인사업자 등록을 했다. 일반적으로 말하는 그 '창업'이라는 것을 했다.** 개인사업자는 약 2년 정도 유지했지만, 사업계획대로 되지 않아 결국 폐업했다. 청년전용창업자금을 모두 갚는데 꼬박 5년이 걸렸다. 그런데 연체 없이 4년 동안 대출금을 계속 갚았을 때 자금 사정이 너무 안 좋아 중소벤처기업진흥공단에 연락해 상환을 면제해 달라고 요청했더니 담당자가 나한테 "혹시 신용불량자가 되었나요?"라고 물었다. 나는 아니라고 했더니 "신용불량자가 되면 상환의 일부 면제가 가능하기도 하지만 그게 아니라면 갚아야 한다."라고 했다. 방법이 없다고 했다. **성실한 실패의 기준이 신용불**

량자가 되는 것이었다. 사기당한 기분이었지만 따질 수 있는 힘도 없었다. 아무리 성공불융자(성실히 사업했지만 실패한 경우 대출상환금의 전체 또는 일부를 면제해 주는 대출)라고 해도 그렇게 쉽게 상환을 면제해 주지 않는다. 창업자금대출도 반드시 갚아야 하는 '빚'이라는 것을 명심해야 한다.

3. 창업지원금과 정부R&D지원금

세 번째는 2015년에 1인 법인으로 창업했다. 개인사업자로 창업하고 일부 매출 있었지만 결국 2년 만에 실패하고 남은 돈은 빌린 5천만원뿐이었다. 동료에게 양해를 구하고 급여가 밀리기 시작했다. 회사에서 할 일은 점점 없어지고 불안했다. 그때쯤 예전에 거금 150만원을 주고 특허출원을 했던 아이디어가 생각났다. 그 아이디어를 상세하게 기획하면서 사업가능성이 있는지 검토하기 시작했다. 기획이 끝났고 아이디어 프로토타입의 테스트까지 마쳤으나 급여는 계속 밀려 동료는 떠났고, 결국 혼자 남게 되었다. 다행히 테스트 결과는 만족스러워 5천만원으로 1인 법인을 설립하기로 결심하고 2개월간 사업계획서를 작성하고 개발자를 영입하기 위해 돌아다녔다. 다행히 유능한 개발자 1명을 영입하고 2015년 3월에 자본금 5천만원으로 법인을 설립했다. 5천만원의 자금 소진 시기는 4개월 후인 6월이었다. 6월까지는 버틸 수 있으나 7월부터는 인건비도 줄 수 없고 생활비도 가져갈 수 없었다. 창업자금대출뿐만 아니라 개인적인 대출이 또 있었기 때문에 추가 대출을 할 수도 없었다. 그래서 4개월 이내에 정부 R&D지원금을 받아야만 했다.

창업 후 3개월 동안 사업계획서를 계속 보완하면서 개발자에게 개발을 전적으로 맡기고 정부R&D사업과 다른 지원사업을 전부 다 뒤져 내가 신청할 수 있는, 자격이 되는 사업은 모두 신청했다. 그 결과 5월 말에 정부R&D사업에 합격하여 6월에 자금을 지원받아 사업을 계속 진행할 수 있었다. 그 이후 3년간 약 15억원 상당의 다양한 정부지원사업에 합격했다.[2] 2015년에는 창업지원금이 평균 3천만원 수준이어서 그 지원을 받아도 오랫동안 유지할 수 없었기에 정부R&D지원금이 반드시 필요했다. 그런데 지금은 창업지원금이 최대 1억원이고 예비창업자, 3년 미만 창업자, 7년 미만 창업자 등 업력으로 구분하여 단계별로 한 번씩 지원할 받을 수 있어 훨씬 사정이 좋다.

창업지원금이나 정부R&D지원금은 대출이 아니라 정부, 지자체의 출연금[3]이다. 쉽게 말하면 그냥 주는 돈이다. 상환할 필요가 없는 돈이다. 이 지원금을 받은 후에도 창업자금대출은 또 받을 수 있다. 따라서 창업을 하려면 창업자금대출보다는 창업지원금이나 정부R&D

---

2 이와 관련된 내용은 내가 2019년 1월에 출판한 책 『초보창업자도 100% 성공하는 정부지원사업 합격 사업계획서 쓰는 법』에 설명이 잘 되어 있다. 이 책은 창업지원사업보다는 정부의 R&D지원사업에 합격하는 사업계획서 쓰는 법을 설명하고 있는 책이다.

3 정부출연금(政府出捐金)이란 국가가 해야 할 사업이지만 여건상 정부가 직접 수행하기 어렵거나 또는 민간이 이를 대행하는 것이 보다 효과적이라고 판단될 경우, 국가가 재정상 원조를 할 목적으로 법령에 근거하여 민간에게 반대급부 없이 금전적으로 행하여지는 출연을 말한다. [네이버 지식백과] 정부출연금(政府出捐金)(NEW 경제용어사전, 2006.4.7., 미래와경영연구소)

지원금을 받을 생각으로 준비해야 한다.

4. 엔젤투자금

사업 아이디어 하나로 가족, 친구, 지인 등 엔젤투자자를 통해 투자를 받는다면 큰 도움이 될 수 있다. 주변에서 엔젤투자 받는 것을 자주 보았다. 하지만 대부분은 창업 후에 받는 경우였다. 창업 전에 엔젤투자 받는 것은 굉장히 어려운 일이다. 그리고 엔젤투자를 받더라도 몇 천만원 수준으로 많지 않다. 나도 3번 창업하면서 12년간 운영해 오고 있지만 엔젤투자를 받지 못했다. 법인 창업 초기 엔젤투자를 받을 수 있는 기회가 있기는 했으나 투자금액이 소액이고 이미 정부지원R&D사업으로 많은 지원금을 받고 있었기 때문에 거절했다. 하지만 나중에 후회했다. **사업 초기 엔젤투자는 투자 액수보다 인맥 관리, 제휴, 홍보 등 사업의 확장을 위한 것이라고 생각해야 한다는 것을 나중에 깨달았다.**

만약 창업 전후에 가족, 친구, 지인이 아닌 정부에서 인정한 전문적인 엔젤투자자나 액셀러레이터에게 투자를 받는다면 창업지원금이나 정부R&D지원금도 충분히 받을 수 있다. 그만큼 전문 엔젤투자자에게 투자받는 것이 어렵다. 그리고 엔젤투자자를 만나 미팅할 수 있는 기회도 많지 않다. 엔젤투자를 받는 것이 어렵기 때문에 일단은 창업지원금이나 정부R&D지원금을 노려보는 것이 훨씬 현명한 방법이다.

(3) 창업지원금과 창업자금대출

○ **핵심 요약** ○

- 정부와 지자체에서는 매년 약 10,000명 정도의 창업자에게 적게는 1,000만원에서 많게는 최대 1억원까지 상환의무가 없는 창업지원금을 지원하고 있다.
- 창업자의 아이디어가 전국에서 5,000등 안에 들 수 있을 것이라고 생각되면 최대 1억원을 창업지원금을 받을 수 있다.
- 그런데 창업지원금이라는 것을 모르는 (예비)창업자가 많다. 그리고 창업지원금이 아닌 돈을 빌려주는 창업자금대출도 있다. 안타깝지만 창업지원금을 알아보지도 않고 무턱대고 창업자금대출부터 받아 창업하는 사람도 많다.
- 1억원을 빌려주는 청년전용창업자금도, 1억원을 주는 창업지원금도 모두 창업자의 사업계획서를 평가하여 대상자를 선정한다.
- 따라서 창업자는 사업계획서를 통해 상환의무가 없는 창업지원금 지원사업에 도전해 창업지원금부터 받아야 한다.

창업자 아이디어가 전국에서 약 5,000등 안에 든다면 최대 1억원 지원

앞서 설명했듯이 2019년 중앙정부 창업지원사업 예산 1.18조원 중에서 예비창업자에게 1억원에 가까운 창업지원금을 지원하는 사업은 예비창업패키지, 청년창업사관학교, 초기창업패키지, 중장년 예비창업패키지, 재도전 성공패키지 등이 있다. 이 사업들은 중앙정부, 특히 중소벤처기업부만을 대상으로 한 것이고 다른 13개 부처를 모두 포함해서 2천만~3천만원을 지원하는 창업지원사업까지 합치면

7,000~8,000팀, 그리고 전국 17개 지자체에서 지원하는 창업지원 사업까지 합치면 매년 10,000팀 이상의 (예비)창업자가 창업지원금을 받는 것으로 추정된다.

사업명	지원대상	전담(주관) 기관	지원 인원	사업 규모	최대 지원금
예비창업 패키지	예비창업자	창업진흥원	1,700명	1,010억원	1억원
창업성공 패키지 (청년창업사관학교)	예비창업자, 창업 후 3년 이하 창업자 (만 39세 이하)	중소기업 진흥공단	1,000명	922억원	1억원
초기창업 패키지 (추경사업 포함)	예비창업자, 3년 미만 창업자	창업진흥원	1,350명	1,027억원	1억원
중장년예비 창업패키지	만 40세 이상 예비창업자	창업진흥원	500명	318억원	1억원
재도전성공 패키지	예비재창업자, 3년 미만 재창업자	창업진흥원	280명	178억원	8천만원
			4,830명	3,455억원	평균 7,153만원

[2019년 주요 창업지원사업 5가지]

위 표를 기준으로 해서 **창업자들의 아이디어로 전국 순위를 매겼다고 가정할 때 대략 5,000등 안에 든다고 생각하면 최대 1억원의 창업지원금을 받을 수 있다.** 창업지원사업은 창업기업의 업력(예비창업, 3년 미만, 7년 미만, 재창업 등)에 따라 구분해 지원하는데 해당 업력에서 중앙정부나 지자체로부터 딱 1회만 지원받을 수 있고, 중복으로 지원받을 수 없다. 되도록 많은 창업자에게 창업지원금을 시원하기 위한 정책이다. 만약 창업자의 아이디어가 5,000등에 못 들어도 10,000등 안에만 든다면 지자체에서 지원하는 2,000만~3,000만원의 창업지원금을 받을 수도 있다. **창업자라면 창업자의 아이디가 전국적으로 5,000등 안에는 들 수 있다고 확신해야 한다. 5,000등 안에도 못 들어갈 아이디어라면 창업을 다시 생각해 봐야 한다.** 그게 아니라면 최소 2,000만원의 창업지원금이라도 받고 창업해야 한다. **창업지원금을 받고 창업하는 것이 창업의 기본이다.**

창업 단계별 창업지원사업, 꼭 필요할 때 신청

정부에서 매년 약 10,000명에게 2,000만원에서 1억원까지 창업지원금을 지원해 준다는 사실 자체를 모르는 (예비)창업자도 정말 많다. 인터넷에서 '창업지원금'이라고 검색해 보면 쉽게 확인할 수 있는데 다들 바쁘고 시간이 없어 제대로 파악하지 못하는 것 같다. 창업 선배로서 그것이 너무 안타깝다. 사실 나도 3번이나 창업했지만 원하는 창업지원금을 제대로 받지 못했다. 한 번 받은 것이 글로벌 창업지원사업이었다. 글로벌 창업지원사업은 창업자금을 직접 지원하지 않고 해외 진출을 위해 해외 체류 및 해외 액셀러레이터 교육을 지원하는 사업이었다. 게다가 창업 초기라서 해외 진출이 절실한 상황도 아니었다. 나중에 알게 되었지만, 창업 1년 차에 이 사업을 지원받았기 때문에 다른 창업지원사업은 신청을 해도 중복 수혜라는 이유로 신청 자격이 없었다. **뭣도 모르고 신청했다가 꼭 필요한 창업지**

원사업 기회를 모두 날려 버렸던 것이다.

앞의 표와 같이 창업 단계별로 지원할 수 있는 창업지원사업이 정해져 있고, 지원금액과 내용도 다르다. **중요한 것은 창업 단계별로 딱 한 번만 선정될 수 있기에 신중하게 접근해야 하고, 단계를 지나간 경우 다시는 신청할 수 없기 때문에 창업지원사업 내용을 미리 파악하고 적당한 시기에 기회를 잡아야 한다.** 하지만 나는 그러지 못했다. 그래서 더욱더 창업지원사업에 대해 알려 주고 싶다. 나와 같은 실수(창업지원사업의 지원 내용을 제대로 확인하지 않고 무턱대고 신청하고 사업을 추진해 정작 필요할 때 필요한 창업지원을 받지 못하는 일)를 하지 않길 바란다.

최대 1억원 빌려주는 청년전용창업자금대출

▶ 개인신용대출과 큰 차이 없는 청년전용창업자금대출

전담기관	중소벤처기업진흥공단(http://www.kosmes.or.kr)
대출사업개요	우수한 아이디어를 보유한 청년층의 창업초기 운영자금 공급으로 창업촉진 및 일자리 창출
지원대상	대표자가 만 39세 이하로 사업 개시일로부터 3년 미만(신청 · 접수일 기준)인 중소기업 및 창업을 준비 중인 자 - 창업성공패키지지원의 경우 7년 미만인 창업 및 예비창업자 - 최종 융자시점에는 사업자 등록 필요

지원내용	- 융자금리: 연 2.0% 고정 - 융자기간: 시설 · 운전 6년 이내(거치기간 3년 이내 포함) - 융자한도: 기업당 1억원 이내 - 융자방식: 중진공이 자금 신청 · 접수와 함께 교육 · 컨설팅 실시 및 사업계획서 등에 대한 평가를 통하여 융자대상 결정 후 직접대출(융자상환금 조정형) - 융자상환금 조정형: 정직한 창업실패자에 대하여 심의를 통해 선별적으로 융자상환금의 일부를 면제

[중소벤처기업진흥공단의 '청년전용창업자금' 내용]

　돈 없이 창업할 때 창업자금을 확보할 수 있는 가장 대표적인 방법은 창업지원금인데 그게 안 되면 창업자금대출을 받아야 한다. 나도 두 번째 창업할 때 '청년전용창업자금대출' 1억원을 받아 창업했다. 지금도 많은 청년창업자들이 '청년전용창업자금대출'로 창업을 하고 있다. 청년전용창업자금대출은 만 39세 이하 청년, 낮은 금리 (2.0%), 최대 1억원, 3년 거치 6년 상환의 긴 대출기간과 융자상환금 조정형[4]이라는 특징이 있다. 이밖에도 무담보이며 예비창업자 자격으로 대출 신청이 가능하다는 특징이 있다. 이 중에서 2.0%의 고정이율, 무담보와 융자상환금 조정형 제도는 매력적이다. 창업에 실패할 확률이 훨씬 높은데도 불구하고 아이디어만으로 1억원을 빌려준다. 게다가 실패했을 때 성실한 실패라고 판단되면 융자금의 일부를 감면해 주니 은행에서 빌리는 것보다 좋다. (다만 그 성실한 실패라고 하여 융자금 상환을 면제해 주는 기준이 신용불량자가 될 만큼의 상태가 되어야 한다는 말이 있다.)

4　정직한 창업실패자에 대하여 심의를 통해 선별적으로 융자상환금의 일부를 감면해 주는 제도.

그런데 저금리 시대인 요즘 일반 5대 시중은행의 개인신용대출 평균금리도 3%대로 떨어졌다. 평균이 3%대이기 때문에 신용등급이 높은 경우 2%대로도 대출이 가능하다. 금리만으로 따지면 크게 차이가 없다. 그리고 융자상환금 조정형의 경우 청년전용창업자금대출 계약서에 정확하게 몇 %까지 감면해 주는지 명문화되어 있지 않다. 내가 계약할 때는 최대 40%까지 가능하다고 들었지만, 막상 계약서에는 정확하게 표시되어 있지 않았다. 그리고 앞서 말했지만 내가 융자상환금 조정을 신청했을 때는 사업담당자로부터 개인파산, 신용불량자 정도는 되어야 조정이 가능하다는 답변을 받았다. 그것이 담당자 개인의 의견인지 공식적인 규정인지는 모르겠지만 쉽게 융자상환금 조정은 안 해 주는 것을 알 수 있다. 그리고 개인신용대출을 받은 상태에서도 개인 파산하거나 신용불량자가 되면 대출금 상환이 일부 감면받을 수 있다. 이렇게 보면 두 가지 대출상품이 크게 다를 바가 없어 보인다. 이런 부분이 예비창업자에게는 많이 아쉽다.

▶ **대출인데도 불구하고 청년전용창업자금대출이라는 이유로 엄격한 사업계획서 평가**

하지만 이 두 가지 대출에는 큰 차이가 있다. 물론 만 39세 이하라는 나이 제한도 있겠지만 중요한 것은 사업계획서에 대한 평가다. 청년전용창업자금대출을 받을 때는 중소벤처기업진흥공단에 창업 사업계획서를 제출하고 평가를 받아 그 평가를 통과해야만 대출을 받을 수 있다. 이율이 1% 정도 낮을 뿐인데, 엄격한 사업계획서 평가를 받아야 하고 시간도 오래 걸린다. 게다가 사업계획서가 미흡하면 대출을 못 받는다. 2013년에 내가 청년전용창업자금을 받을 때는 서류평가, 4박 5일 창업교육, 마지막 발표평가를 거쳐 최종 선정되었다. 적어도 3:1 정도의 경쟁이 있었다. 국가 정책자금 중에 '창업기업자금'으로 2.08조원의 예산이 책정되어 있는데, 그중 청년전용창업자금이 포함되어 있지만 그 예산이 얼마인지는 공개되어 있지 않아 그 규모가 크지 않을 것으로 보인다. 정부 예산이고 금액도 적은데 신청자가 많아 사업계획서를 평가하는 것은 당연한 것이다.

▶ 그래도 창업자금대출이 필요하다면 성공불융자나 융자상환금 조정형 대출

내가 창업할 때는 그래도 청년전용창업자금대출이 가장 좋은 조건의 창업자금대출이었던 것으로 기억한다. 하지만 대출은 대출이다. 갚아야 한다. 창업자금대출만이 유일한 방법인 창업자도 있다. 창업자금대출을 담당하는 정부기관은 중소벤처기업진흥공단과 소상공인시장진흥공단이 있으며, 각 지방자치단체의 경제 · 정보 · 산업 · 문화 · 과학 진흥원과 전국테크노파크에서도 창업자금대출 관련 사업을 안내하고 있다. 그중에서도 상환금을 조정할 수 있거나 지원금과 함께 대출을 지원하는 주요 사업은 아래 표와 같다.

사업명	전담기관	최대 대출금	주요특징
청년전용창업 자금	중소벤처기업진흥공단 (http://www.kosmes.or.kr)	1억원	만 39세 이하, 3년 미만 융자상환금 조정형
생활혁신형 아 이디어톡톡	소상공인시장진흥공단 (https://idea.sbiz.or.kr)	2,000 만원	소상공인 예비창업자 대상 3,000명, 성공불융자[5]
신사업창업사 관학교	소상공인시장진흥공단 (https://www.sbiz.or.kr)	1억원	소상공인 예비창업자 대상 300명, 2,000만원 지원금

[주요 창업자금대출 사업]

같은 창업 사업계획서라면 당연히 창업지원금에 도전

최대 1억원을 상환의무 없이 지원하는 창업지원금도 사업계획서를 제출하고 평가에 통과하면 창업지원금을 받을 수 있다. **창업지원금 도 청년전용창업자금대출도 모두 사업계획서를 작성해서 평가를 받 고 통과를 하면 최대 1억원을 받을 수 있다. 대출은 갚아야 할 의무가 있고 창업지원금은 갚을 필요가 없다. 어떤 자금을 먼저 신청해야 하 는지는 뻔하다.**

그럼 두 가지 사업계획서가 달라야 할까? 대출받는 사업계획서는 대충 작성해도 평가에 통과될까? 절대로 아니다. 어떤 사업계획서든 대충 작성해서는 통과되기 어렵다. 더욱이 1억원이나 지원하는 사업

---

5 생활혁신형 창업가로 신징된 소싱공인에게 사업 실패 시 산한이무가 없는 정책자금을 최대 2천만 원 융자 지원.

계획서에 대해서는 엄격하게 평가를 진행한다. 그렇다면 창업지원금을 받고 난 후에 자금이 더 필요해서 청년전용창업자금대출을 받을 때 중복 수혜 문제가 있을까? 그렇지 않다. 청년전용창업자금대출은 창업지원금 수혜 여부와 상관없이 3년 미만의 사업자로 39세 이하의 대표라면 신청하고 받을 수 있다. 조건만 된다면 둘 다 받아도 문제가 될 것은 없다.

다시 말해 창업지원금이나 청년전용창업자금대출은 둘 다 사업계획서 평가를 통해 대상을 선정하고 자금을 지원해 준다. 중요한 포인트는 상환의무이다. 창업자라면 당연히 청년전용창업자금대출이 아닌 창업지원금을 먼저 알아보고 도전해야 한다. 창업지원금을 받은 후에 추가로 자금이 필요할 때 청년전용창업자금대출을 알아봐도 늦지 않다. 게다가 창업 후에는 기술보증기금(https://www.kibo.or.kr)을 통해 담보 없이 기술평가로 대출을 받을 수도 있다. **그러니 절대로 대출을 먼저 받고 창업하지 마라.**

(4) 소상공인·자영업자를 위한 창업자금대출

┌─○ 핵심 요약 ○─────────────────────────────────

- 소상공인·자영업자를 대상으로는 창업지원금이 아닌 대부분 창업자금대출을 지원한다. 그중에서도 생활혁신형 아이디어톡톡사업과 신사업창업사관학교는 창업지원금 성격으로 2,000만원을 지원하기 때문에 반드시 확인해야 한다.
- 생활혁신형 아이디어톡톡사업은 성공불융자로 최대 2,000만원을 융자 지원하며 연간 3,000명 이상을 선발하여 지원한다.
- 신사업창업사관학교에서는 300명을 선발하여 최대 2,000만원 창업지원금을 지원하고 창업 시 추가로 최대 1억원을 대출해 준다. 매장을 오픈하고자 하는 예비창업자는 꼭 검토해야 한다.
- 소상공인마당(www.sbiz.or.kr)을 주 1회 이상 방문하여 창업지원사업 정보를 수집해야 한다.

사업명	주소	지원내용
소상공인시장진흥공단	www.semas.or.kr	소상공인지원정책
소상공인마당	www.sbiz.or.kr	소상공인 지원사업 총괄
소상공인지식배움터	edu.sbiz.or.kr	약 30,000명, 최대 50만원 상당 무료 교육
소상공인컨설팅시스템	con.sbiz.or.kr	약 5,500건 무료 컨설팅

[소상공인 지원사업 주요 사이트]

제조업, 지식서비스업종의 창업자를 대상으로 하는 창업지원사업은 보통 대출금이 아닌 출연금(창업지원금) 형태로 지원하는데, 소상공인, 자영업자를 대상으로 하는 창업지원사업은 대부분 융자지원 사업이다. 소상공인 지원 예산은 보통 2조원 넘는데 대부분 융자

지원이다. 관련 정보는 소상공인마당(www.sbiz.or.kr), 소상공인시장진흥공단(www.semas.or.kr) 홈페이지에서 확인할 수 있다. 매년 1월에 소상공인지원사업 통합 공고가 되니 반드시 확인하고 창업자 본인에게 맞는 사업을 찾아서 지원해야 한다.

여러 가지 소상공인지원 사업 중에서도 **생활혁신형 아이디어톡톡 사업과 신사업창업사관학교는 예비창업자만을 대상으로 성공불융자 및 사업화자금 2,000만원을 지원해 준다.** 소상공인·자영업도 기창업자보다는 예비창업자가 훨씬 정부지원사업의 기회가 좋다. 생활혁신형 아이디어톡톡사업은 연간 3,000명을 예비창업자를 대상으로 2,000만원을 성공불융자로 지원하는 사업으로 자영업 및 소상공인 창업을 준비 중이면 반드시 신청해야 할 사업이다. **신사업창업사관학교는 연간 300명의 자영업 예비창업자를 선발하는데 2,000만원을 사업화 지원금으로 무상지원하고 창업 시 최대 1억원을 융자해 준다.** 1억원 이상의 큰 비용이 드는 자영업 매장을 오픈하려고 하면 꼭 확인해야 될 사업이다. 처음부터 겁먹을 필요는 없다. 신청하고 도전하는 창업자에게만 기회가 있다. 열심히 준비한 300명이 최종 합격하는 것이지, 합격자가 정해진 것은 아니다. 아래는 소상공인 지원사업과 관련한 주요 사이트다. 이 분야의 창업지원사업이 필요하면 반드시 방문해야 한다. 아래 표는 2019년 소상공인 지원사업을 요약한 내용이다.

사업명	개요	예산 (억원)	지원규모	지원대상	공고 일정
일반경영 안정자금 (융자)	소상공인 경영 애로 해소를 위해 필요한 운영자금 지원	5,225	18천 개 내외	소상공인	2019.1월
청년고용 특별자금 (융자)	자금력 부족으로 애로를 겪는 청년 소상공인 경영 활성화 및 청년 일자리 창출 지원	4,475	15천 개 내외	소상공인	2019.1월
소상공인 긴급자금 (융자)	일자리안정자금 수급 소상공인 대상으로 경영안정자금 지원	3,000	10천 개 내외	소상공인	2019.1월
소공인 특 화자금 (융자)	소공인이 필요로 하는 장비 도입, 경영안정 등에 필요한 자금 지원	4,500	10천 개 내외	소공인	2019.1월
성장촉진 자금 (융자)	성장기 및 성숙기 소상공인의 활력 제고 및 재도약을 위한 자금 지원	2,300	5천 개 내외	소상인	2019.1월

[2019년 소상공인 정책자금]

사업명	개요	예산 (억원)	지원규모	지원대상	공고 일정
신사업 창업 사관학교	신사업 아이템으로 창업하려는 예비창업자를 선발하여 이론교육, 점포경영체험, 창업멘토링을 패키지로 지원	102.1	300명	신사업 분야 예비창업자	(9기) 2019.1월 (10기) 2019.5월
생활혁신형 창업지원	생활 속 아이디어를 적용하여 성공 가능성이 있는 생활혁신형 창업자에 성공불융자 지원	19.07	3,000명	신사업 분야 예비창업자	2019.1월

소상공인 경영교육	소상공인이 경영/기술 환경 변화에 대처할 수 있도록 전문기술교육 /경영개선교육/안심창업교육 지원	143.8	30,000명	소상공인	2019.1월
소상공인 역량강화	소상공인 경영역량 강화를 위한 컨설팅 제공, 경영애로 소상공인에게 경영환경 개선 및 위기 진단에 따른 맞춤형 연계 지원	81.8	5,550건	소상공인 및 예비창업자	2019.2월
소상공인 협업 활성화	소상공인 간 협업 및 공동 사업 지원을 통해 소상공인의 경쟁력을 제고	254	450개 조합	(예비) 소상공인 협동조합	2019.1월
나들가게 육성	동네슈퍼 중 희망점포를 나들가게로 선정하여 점포 환경 및 운영 개선을 지원	52	(나들가게) 1,000개 (선도지역) 13개지자체	(나들가게) 동네슈퍼, (선도지역) 기초지자체	2019.2월
중소슈퍼 협업화	슈퍼조합 중심의 동네슈퍼 체인화와 중소유통물류센터의 배송체계 구축을 지원	44	15개 내외	슈퍼조합 등 중소유통단체	2019.1월
유망 프랜차이즈 육성	상생형·유망 소상공인이 프랜차이즈 가맹본부로의 성장을 지원 및 해외진출 지원	10.9	40개	유망 소상공인, 신규 및 중소가맹본부	2019.2월
희망리턴 패키지	폐업 예정 소상공인이 안정적으로 폐업하고 임금근로자로 전환할 수 있도록 컨설팅, 교육 등을 패키지로 지원	337	22,000명	폐업(예정) 소상공인	2019.1월
재창업 패키지	특화형 및 비생계형 업종으로 전환하고자 하는 소상공인에게 교육 및 멘토링 지원	75	6,000명	업종전환 예정자 또는 폐업자	2019.1월

1인 소상공인 고용보험료 지원	'자영업자 고용보험' 기준 보수 1~4등급에 가입한 1인 소상공인에게 보험료 일부(30~50%) 지원	29	20,000명	1인 소상공인	2019.1월
소기업·소상공인 공제	사업주가 일정 부금을 납부하여 폐업, 사망, 질병·부상으로 인한 퇴임, 노령 은퇴 시 생활 안정과 사업 재기를 위한 퇴직금 마련 지원	-	-	소기업, 소상공인	수시접수
백년가게 육성	지속가능한 경영을 하고 있는 우수 소상공인(소기업)을 발굴하여 성공모델을 확산	-	200개 내외	도소매·음식업종의 업력 30년 이상 소기업, 소상공인	2019.1월
홈쇼핑 입점지원	경쟁력 있는 소상공인의 홈쇼핑입점지원을 통해 판로확대 지원	75	500개 업체	소상공인	2019.3월

[2019년 소상공인 생애주기별(창업-성장-재기) 지원]

초보 창업의 원칙

(1) 창업의 원칙 1. 절대로, 결코 먼저 창업하지 않는다

○─ **핵심 요약** ─○

- 사업자 등록을 하면 창업자다. 더 이상 예비창업자가 아니다.
- 창업자보다 예비창업자에게 훨씬 많은 기회가 있다.
- 창업은 창업지원사업에 합격하고 돈을 받고 난 후에 하는 것이다.
- 창업교육, 한 번은 수료하는 것이 좋다.

무턱대고 사업자 등록하지 않기

창업 블로그 '초보 창업 방법'(https://blog.naver.com/ariverly)을 운영하면서 댓글, 쪽지, e-mail 등을 통해 **가장 많이 받는 질문이 "저도 예비창업패키지(예비창업자에게 최대 1억원을 지원하는 사업)와 같은 창업지원사업에 신청할 수 있나요?"**이다. 예비창업패키지가 만 39세 이하의 청년이면 누구나 신청할 수 있는 것이기 때문에 대부분 자격이 될 것이라고 답변을 준비하다가 질문을 좀 더 자세히 읽어보면 이미 창업했거나 폐업을 했다고 대수롭지 않게 말하는 사람이 많았다. 실제로는 사업을 제대로 하지 않으면서 어쩌다가 '사업자 등록'만 했다는 것이 대부분이었다. '사업자 등록은 했지만 지금은 아무것도 안 하고 있다', '사업자 등록을 하고 조금 있다 폐업했다', '명의만 빌려주고 나는 아무것도 안 했다' 등 다양한 이유로 사업자 등록을 했다는 것이다.

정말 안타까운 일이지만 사업자 등록을 했다는 것이 서류상으로 창업을 했다는 것이다. 따라서 예비창업자 자격을 상실한 창업자, 창업경험이 있는 자로 분류된다. 그리고 그 이후에는 예비창업자를 위한 창업지원사업에는 신청할 수 없다. 아예 신청자격이 없다. 예전에 법인에서 법인기업의 대표이사였다면 그 또한 창업한 경험이 있는 것으로 보아 예비창업자 자격을 상실한다. 그중에서도 가장 많은 예시가 '온라인 쇼핑몰에서 물건 한번 팔아 볼까?' 하고 사업자 등록을 했다가 매출도 거의 없어 운영도 안 되고, 사업자 등록 때문에 예비창업자 자격을 상실한 사람들이 제일 많다. **예비창업자 기회는 딱 한 번뿐이니 무턱대고 사업자 등록을 하지 마라.**

창업지원사업은 예비창업자가 훨씬 유리

중앙정부나 지자체의 창업지원사업은 대부분 예비창업자, 3년 이하의 창업자 그리고 3년 초과 7년 미만 창업자, 재창업자 등 4가지로 구분하여 지원한다. 예비창업자는 창업경험이 없는 사람(한 번도 사업자 등록을 하지 않은 사람)을 말한다. 창업지원사업은 그중에서도 만 39세 이하의 청년 예비창업자를 우대하여 지원한다. 오로지 예비창업자만 지원하는 사업이 있고, 그 지원규모도 매우 크다. 예비창업자를 위한 대표적인 사업이 중소벤처기업부의 '예비창업패키지'다. 가장 많은 인원을 지원하는데 1년에 4~5회 정도 모집한다.

사업명	자격조건	주요 특징
예비창업패키지	39세 이하의 **예비창업자**	가장 보편적인 지원사업
청년창업사관학교	39세 이하의 **예비창업자**&3년 미만 창업자	기술자 위주
중장년 예비창업패키지	40세 이상의 **예비창업자**(폐업경험 포함)	폐업 후 창업도 가능
초기창업패키지	**예비창업자**&3년 미만 창업자	경쟁률이 가장 높음
재도전 성공패키지	**예비 재창업자**&3년 미만 재창업자	
생활혁신형 아이디어톡톡	**예비창업자**	성공불융자, 최대지원 3,000명
신사업창업사관학교	**예비창업자**	교육＋지원금＋대출금

[예비창업자를 중심으로 운영되는 주요 창업지원사업]

청년 예비창업자의 경우 중장년 예비창업패키지를 제외하고 모든 창업지원사업에 신청할 수 있다. 사업 아이디어만 있으면 매년 5~6회 정도 신청할 수 있고 합격하면 최대 1억원을 지원받고 창업할 수 있다. 따라서 정말 급하지[6] 않다면 창업지원금을 받기 전에 사업자

---

6 창업을 급하게 해야 하는 딱 한 가지 이유: 많은 매출이 발생할 수 있을 때다. 적어도 창업하고 5,000만원 이상 매출이 3개월 이내 발생할 것 같으면 창업지원사업과 관계없이 바로 창업을 해야 한다. 연간 4,800만원 미만의 매출이 예상되면 굳이 사업자 등록을 하지 말고 개인으로 처리하는 게 낫다.

등록을 할 필요가 없다. 예비창업자 상태에서 창업지원사업에 합격할 때까지 지원하고 신청해야 한다. 창업한 상태에서 신청할 수 있는 창업지원사업은 '초기창업패키지' 하나뿐이다. 여러 가지 창업지원사업 중에서 가장 경쟁률이 높은 사업이 '초기창업패키지'다. 수도권의 경우 약 30:1 정도다. 초기창업패키지는 예비창업자도 신청할 수 있는데, 주로 3년 미만의 우수한 기업들이 많이 신청해서 단순한 아이디어로는 합격하기 어려운 사업이다. **뭣도 모르고 창업했다가 예비창업자 자격을 상실하면 앞으로 창업지원사업에 합격하는 것이 너무 어렵다. 명심해야 한다. 함부로 창업하지 말고 예비창업자로 창업지원금을 받아라.**

창업교육, 한 번은 필요

나는 2013년도에 청년전용창업자금대출을 신청할 때 중소벤처기업진흥공단에서 4박 5일 창업교육을 받았다. 보통 창업교육을 수료하면 수료증을 받는다. 이 수료증이 있으면 창업지원사업을 신청할 때 1~2점 가점을 받을 수 있다. 어떤 창업지원사업은 창업교육 이수가 신청 자격의 필수조건인 것도 있다. 따라서 시간이나 기회가 있을 때 창업교육을 한 번 정도는 받는 것이 좋다. 다만 이것도 유효기간이라는 것이 있어서 증빙서류 제출할 때 최근 1년 이내, 2년 이내 창업교육 수료증을 요구하기도 하니 창업 전 1년 이내에 받는 게 좋다. 창업교육은 여러 번 받아도 되지만 시간 관계상 어려울 수 있다. 그리고 창업지원사업에서 요구하는 창업교육 이수는 한 번이면 된다.
그런데 한 번을 받더라도 가장 큰 공공기관에서 진행하는 창업교육
을 받는 게 좋다. 예를 들면 창업진흥원의 K스타트업 주관 창업교육
또는 각 지방 중소벤처기업청, 중소벤처기업진흥공단에서 진행하는
창업교육을 권장한다. 여기에서 교육받는 것이 어려우면 각 지자체
별 창조경제혁신센터나 산업·경제 진흥원에서 주관하거나 지원하
는 창업교육을 살펴보길 바란다.

(2) 창업의 원칙 2. 개업형 창업보다 혁신형 창업을 한다

○ **핵심 요약** ○

- 일반적으로 자영업은 '개업형 창업'이고 아이디어와 기술로 새 비즈니스를 개척하는 것이 '혁신형 창업'이다.
- 정부에서는 개업형 창업과 혁신형 창업을 구분하지 않고 둘 다 창업이라고 하지만 대부분의 창업지원사업은 혁신형 창업을 지원한다. 그러니 창업을 하려면 혁신형 창업을 하는 것이 유리하다.
- 개업형 창업도 아이디어를 결합해 혁신형 창업이 될 수 있다.

창업지원사업에 유리한 혁신형 창업 vs 불리한 개업형 창업

블로그를 통해서 자주 받는 또 다른 질문은 "저도 창업지원금을 받을 수 있나요?", "이런 아이디어도 창업지원금을 받을 수 있나요?"이다. 한두 줄의 글로 설명한 아이디어로 창업지원금을 받을 수 있는지 물어본다. 내 일반적인 대답은 "네, 그렇습니다."이다. 누구나 가능성은 있기 때문에 그렇게 대답한다. 하지만 정확히 가능성을 판단하려면 창업자의 아이디어를 구체적으로 들어 보고 여러 가지 사정을 파악해야 한다.[7] 어떤 아이디어든지 꾸미기에 따라서 달라질 수 있고

---

7 창업자는 스스로의 의심을 외면하면 안 된다. 그 의심을 풀어내고 창업을 준비해야 한다. 내게 질문하는 대부분의 창업자들은 자기 사정은 구체적으로 말하지 않는다. 대부분의 창업자들은 창업하면 모든 것이 다 잘된다고 가정하고 희망적인 생각만 한다. 그러면서 안 될 것 같은 사유가 있음을 의심하면서도 스스로 외면하는 경향이 있는데 만약 하나라도 의심스러운 것이 있다면 냉정하게 안 된다고 생각하고 다시 준비해야 한다.

가능성이 있기 때문에 "네, 그렇습니다."라고 답하는 것이다. 그리고 실제로 어떤 아이디어도 정부지원금을 받을 가능성은 있다. 다만 확률이 다를 뿐이다. 그런데 "제 아이디어도 창업지원금을 받을 수 있나요?"라는 질문에 좀 더 정확히 대답을 한다면 "혁신형 창업을 한다면 받을 수도 있습니다. 개업형 창업을 한다면 받기 쉽지 않습니다. 따라서 그 아이디어로 혁신형 창업을 생각해 보시는 게 좋습니다."라고 할 수 있다.

우리는 일반적으로 창업의 의미를 하나로 쓰는데, 정부에서 지원하는 창업지원사업을 근거로 보면 창업을 두 가지 형태로 나눌 수 있다. 하나는 혁신형 창업이다. **혁신형 창업은 지금까지 없었던 새로운 업(業)을 일으키는(創) 것을 말한다. 진정한 의미의 창업이다.** 지금까지 없었던 새로운 업이라는 것은 기술적 측면이나 서비스 측면에서 최초로 시작하는 가치 있는 것을 말한다. **중앙정부는 혁신형 창업을 훨씬 우대한다.** 혁신형 창업은 기술형 창업으로 미래 가치와 고용 창출 효과도 더 크고 해외 수출의 가능성도 높다고 판단한다. 기술의 지식재산권도 확보하여 창업기업뿐만 아니라 국가경쟁력도 향상시킬 수 있다. 특히 요즘은 4차 산업혁명 기술[8]을 매우 강조한다. 창업지원사업에는 4차산업 분야를 다시 20가지 분야로 분류하였다. 인공

---

8 제4차 산업혁명(Fourth Industrial Revolution)은 정보통신 기술(ICT)의 융합으로 이루어 낸 혁명 시대를 말한다. 18세기 초기 산업 혁명 이후 네 번째로 중요한 산업 시대. 이 제4차 산업혁명 기술의 핵심은 빅데이터 분석, 인공지능, 로봇공학, 사물인터넷, 무인 운송 수단(무인 항공기, 무인 자동차), 3차원 인쇄, 나노 기술과 같은 6대 분야에서의 새로운 기술혁신을 말한다. (출처: 경기지방중소벤처기업청 비즈니스지원단)

지능, 클라우드, 사물인터넷, 5G, 3D프린팅, 블록체인, 지능형반도체, 첨단소재, 스마트헬스케어, 스마트시티, 빅데이터, AR · VR, 드론, 스마트공장, 스마트팜, 지능형 로봇, 자율주행차, O2O, 신재생에너지, 핀테크 기술이 해당된다. 이런 기술과 접목하여 아이디어를 개발한다면 창업지원금을 받을 때 매우 유리하다.

반면에 **개업형 창업은 기존에 있는 업(業)과 동일한 업을 시작하는 (open, 열 개(開)) 것을 말한다.** 특별히 또는 획기적으로 새로운 것이 없는 창업이다. 말 그대로 우리가 흔히 매장을 오픈한다고 하는 것은 대부분은 개업형 창업이다. 개업형 창업을 하는 창업자들도 창업지원금 문의를 많이 한다. **개업형 창업도 창업지원금을 못 받는 것은 아니다. 다만 1억원까지 지원하는 예비창업패키지에 합격하는 것은 매우 어렵다. 개업형 창업의 경우 지방자치단체, 전국창조경제혁신센터, 소상공인시장진흥공단 등에서 진행하는 소규모 창업지원사업에 도전하는 것이 더 확률이 높다.** 미용실, 음식점, 학원, 네일아트, 카페, 인터넷쇼핑몰 등 모두 개업형 창업이라고 볼 수 있다. 주로 매장 형태인데 대표와 종업원 몇 명으로 운영되는 것이 대부분이라서 고용 창출에는 한계가 있다. 매출은 그 매장에서만 발생하고 확장이 쉽지 않다. 해외 진출도 거의 어렵다. 따라서 창업지원금을 받는 것이 매우 힘들다. 개업형 창업을 준비하는 창업자는 창업자금대출사업을 찾아보는 것이 필요하다.

개업형 창업을 혁신형 창업으로 발전시키는 방법

개업형 창업을 준비하는 창업자도 창업지원금을 받기 위해서는 새로운 아이디어를 더해 혁신형 창업으로 바꿀 수 있도록 고민해야 한다. 예를 들어, 개업형 창업을 한다고 해도 꿈을 크게 해서 프랜차이즈로 발전시킬 생각을 하면 될 것이다. 프랜차이즈로 발전시킬 방법으로 차별화된 기술적 요소를 찾아 아이디어를 발전시켜야 한다. 낮은 가격, 많은 투자 등 이런 것은 절대 차별화 포인트가 아니다. 원가를 줄이는 기술적 방법이라든지, 고객이 더 많이 방문하는 서비스 아이디어라든지 그런 것을 고민해서 서비스 플로우를 만들고 그것을 시스템으로 구축하고 개발한다면 혁신형 창업으로 바꿀 수 있는 것이다.

구분	개업형 창업	혁신형 창업
창업자 경력	유명 대학 의류디자인 전공 의류디자인 경력 5년, 유통 경력 3년	MCN[9] 회사 경력 2년
사업목표	신인 디자이너 브랜드 의류 판매 대행	신인 디자이너 브랜드 의류 판매 대행
아이디어	신인 디자이너 브랜드 의류를 소싱하여 판매, 매장 진열, 오프라인 인맥을 활용해 소싱된 제품을 다른 매장에 판매	신인 디자이너 브랜드 의류를 소싱하여 판매 대행, MCN에서 동영상 등 콘텐츠 제작 능력과 크리에이터 인맥을 활용하여 신인 디자이너 브랜드와 고객을 연결하는 플랫폼 개발, 크리에이터와 수익 셰어
판매채널	홍대 매장	SNS, 오픈마켓, 제휴 크리에이터 채널

---

9 인터넷 스타를 위한 이 기획사를 흔히 '다중 채널 네트워크', 줄여서 MCN(Multi Channel Network)이라고 한다.

홍보방법	SNS, 오프라인 홍보	SNS
필요자금	임대보증금, 임대료, 의류소싱 원가	SOHO 사무실, 촬영장비, 시스템개발비
창업 지원금	생활혁신형창업아이디어 자금 2,000만원 대출	예비창업패키지 최대 1억원 지원
정부지원 사유	개발요소가 없음. 소상공인 영역 차별화 없는 의류 매장 개업	ICT 시스템 개발 영역 디자인 관련 크리에이터와 고객 연계 플랫폼 새로 개발, 대표자 경력 연계 가능

[동일한 사업 목표의 개업형 창업과 혁신형 창업 예시]

위 표는 동일한 사업 아이템으로 창업할 때 있을 법한 개업형 창업과 혁신형 창업의 예시를 든 것이다. 두 창업자의 사업 모델은 신인 디자이너의 브랜드 의류를 판매 대행하는 것이다. 신인 디자이너의 브랜드 의류는 신상품이고 인지도가 낮아 절대적으로 홍보과 마케팅이 필요하다. 따라서 이를 해결할 수 있는 아이디어가 있다면 사업화가 가능하다. 개업형 창업자는 경력이 8년이나 되는 전문가로 인맥을 활용해 사람이 많이 몰리는 홍대에 매장을 오픈하려고 한다. 매장을 오픈하기 위해 비용이 필요한데 일반적인 의류 매장과 차별화가 없어 소상공인창업대출로 최대 2,000만원 창업자금대출이 가능하다.

그런데 혁신형 창업을 생각하는 창업자는 MCN 회사에서 2년 근무한 경력을 활용해 유튜브 크리에이터와 제휴를 통해 의류브랜드 홍보 콘텐츠를 제작하고 각자의 채널에서 직접 홍보하게 하고 판매가 이루어질 경우 그 수익을 셰어할 수 있는 플랫폼을 기획했다. 홍보 콘텐츠의 노출과 공유처리, 유튜브 크리에이터의 관리, 결제 정보 실시간 확인 등의 시스템을 구축하기 위해 개발자금이 필요하다. 이 사업은 혁신형 창업이 될 수 있어 창업자금대출이 아닌 창업지원금을 신청할 수 있다.

위와 같이 **똑같은 사업목표를 갖고 있는 창업이라도 하나는 개업형 창업이 되고 하나는 혁신형 창업이 될 수 있다.** 혁신적인 아이디어는 해당 분야의 경험 없이는 생각하기 어렵다. 지금 준비하는 아이디어가 있다면 어떤 문제를 해결하기 위해 창업을 해 보려는 것이다. 단순히 회사 가기 싫어서, 취직이 안 되서 창업하는 것은 안 된다. 창업은 새로운 아이디어가 있어야만 할 수 있다. 그리고 그 아이디어가 가치가 있고 파급효과가 있어야 한다. 혹시 지금 개업형 창업을 고민하고 있다면 좀 더 시간을 갖고 혁신형 창업으로 바꿀 수 있는 방법을 생각해 보길 바란다.

(3) 창업의 원칙 3. 동업하려면 동업계약서부터 쓴다

○ **핵심 요약** ○

• 동업하기 전에 동업계약서부터 써야 한다.
• 동업하다 보면 사업이 잘돼도, 안돼도 늘 다툼이 발생한다.
• 동업자 중 누군가 그만둘 때의 규칙을 정해야 아름답게 헤어진다.

친할수록 동업계약서가 반드시 필요

사회 경험이 별로 없는 상태에서 아이디어 하나만으로 친한 친구나 선후배가 모여 창업하는 경우가 많다. 함께하면 아이디어를 더 많이 검증하면서 발전시킬 수 있고 서로 다른 역할과 경험을 통해 시너지가 생긴다. 특히 처음에는 가진 것도 없고 두려울 수밖에 없는데 그때 서로 의지할 수 있어 좋다. 그런데 창업을 한 후 기업을 운영하다 보면 기업 환경, 개인 사정, 금전 문제, 수익 문제, 업무 문제 등 크고 작은 이유로 하나둘씩 갈등이 발생하기 마련이다. 처음에는 서로 이해하고 양보하기도 하지만 그런 갈등이 자주 발생하면서 다툼도 커지고 감정도 상한다. 그러다가 서로 갈라서게 된다. 그래서 동업을 하지 말라고들 한다. 실제로 나도 창업할 때 그런 이야기를 들었다. 그리고 나도 처음 창업할 때는 동업으로 시작했지만 그 끝은 좋지 않았다.

시간이 흐르면 반드시 회사나 개인에게 변화가 생기고 그 변화에 따라 개인별로 생각도 달라진다. 누구는 계속 위험을 감수할 수 있지만, 누구는 안정적인 발전을 원하기도 한다. 누구는 개인적으로 갑자기 해외로 갈 수도 있고, 이성을 만나 결혼을 할 수도 있으며, 병원에 가야 할 일도 생긴다. 그때는 더 이상 동업을 할 수 없다. 헤어져야만 한다. 그럴 때를 대비하여 **여러 가지 케이스별로 규칙을 정한 동업계약서를 작성해야 한다.** 그래서 어떤 변화가 생겼을 때 동업계약서의 규칙에 따라 결정해야 서로 간에 다툼이 없고 발전적인 방향으로 해결할 수 있다.

동업계약서에 들어갈 내용

동업으로 창업했지만 동업계약서가 없는 상태라면 기업에 문제가 발생했을 때에는 최종에는 상법에 따라 대표이사나 이사가 기업의 중요한 사항을 결정하게 된다. 특히 지분 50%를 초과하여 갖고 있는 대표는 대부분의 의사결정을 혼자 할 수 있다. 개인사업자로 창업하고 동업하는 경우, 서로 이견이 있을 때는 문제가 더 크다. 타협하지 못하면 개인사업자 대표가 모든 결정을 독단적으로 할 수 있다. 그래서 그런 일이 일어나지 않도록 동업계약서를 작성해야 한다. 동업계약서 양식과 방법은 인터넷에서 검색하면 많이 나온다. 몇 가지를 양식을 다운로드받아 비교하여 창업자 환경에 맞게 적용하면 된다. 주요 내용으로 출자의무, 현존 재산, 영업 경영의 의무, 대표 및 보증의 의무, 겸업 여부, 손실에 대한 책임, 계약의 존속 및 해지 등에 대해

규정하고 서로 서명한다. 더 확실하게 위해 공증을 받는 경우도 있다. 이런 내용은 일반적인 내용이다.

위 내용과는 별도로 **동업자 중 누군가가 회사를 그만두어야 할 때 처리 방법과 지분에 관계없이 반드시 합의를 통해서 결정해야 할 사항을 동업계약서에 꼭 넣어야 한다.** 특히 동업자가 그만둘 때 지분 회수, 분배 처리 방식은 남아 있는 동업자들에게 유리하게 반영해야 한다.

구분	내용
창업 초기 이윤이 없을 때	1) 동업 계약 후 퇴사가 가능한 시기가 언제부터인지?(예: 3년 후 등) 2) 계약기간 전에 퇴사할 경우 지분 포기할 것인지? 3) 지분을 포기할 때, 지분의 대가는 어떻게 지불할 것인지? 안 할 것인지? 4) 다른 동업자가 개인적으로 인수할 것인지? 지분을 인수할 때는 동업자 간 어떤 조건으로 인수할 것인지? 5) 기업의 이윤으로 지분의 대가를 지불할 것인지? 몇 년 내에 할 것인지? 기업에 계속 이윤이 나오지 않으면 어떻게 처리할 것인지? **동업계약서에 해당 내용을 반영하되 남아 있는 동업자가 불리하면 안 된다.**
이윤이 있을 때	기업에 이윤이 나는 상황에서 개인적인 사정으로 동업을 하지 못하게 되는 경우에는 퇴사자에게 어떻게 보상을 할 것인지? 1) 퇴사자의 지분에 대해서 액면가로 보상해 줄 것인지? 2) 현재 기업 가치를 평가해서 평가금액만큼 보상해 줄 것인지? 3) 현재 기업 가치 평가에 대한 비용을 누가 부담할 것인지? 평가의 공정성은 어떻게 담보할 것인지?
보유 지분의 처리 방법	1) 퇴사한 후에 지분을 보유할 수 있는지? 2) 가지고 있는 지분을 동업자가 아닌 다른 사람에게 양도할 수 있는지? 3) 타인에게 양도할 수 없다면 그 기간은 언제까지인지? 4) 몇 년까지 근무하면 지분을 자유롭게 양도할 수 있는지? 5) 퇴사할 때 100% 지분을 동업자에게 처분해야 한다면 대가는 어떻게 지급받는지?

[동업자가 그만둘 때 동업계약서에 포함되어야 할 내용]

경험이 있다면 단독으로 창업

나는 사실 동업으로 창업하는 것을 추천하지 않는다. 나도 3번째 창업할 때는 1인 창조기업으로 창업했다. 나는 물론이거니와 내 주변에 동업하는 창업자들이 헤어질 때는 대부분 나쁜 감정으로 헤어졌다. 예비창업자 중에서도 혼자 사업 계획을 수립하여 창업지원금을 받아 창업하고 직원을 뽑아서 사업하는 경우도 있다. 쉬운 것은 아니지만 경험과 경력이 있는 예비창업자라면 동업보다는 단독으로 창업해 보는 것을 권한다. 동료가 있어 함께 창업을 해도 지분에 따라 동업 관계가 아닌 사업주와 종업원 관계로 창업할 수도 있다.

(4) 창업의 원칙 4. 반드시 예비창업패키지에 합격한다

┌─○ 핵심 요약 ○─────────────────────────────────

- 예비창업패키지는 최대 1억원의 사업화자금을 지원하는 최대 규모의 창업지원사업이다.
- 예비창업패키지에 합격하면 객관적으로 아이디어를 검증받은 것이다.
- 연간 약 2,000명을 뽑는 예비창업패키지에 합격하지 못하면 성공할 가능성은 낮은 것이니 창업 아이디어를 다시 고민해 봐야 한다.

└──

중소벤처기업부 '예비창업패키지' 사업 개요

예비창업패키지는 중소벤처기업부의 핵심 창업지원사업으로 창업진흥원에서 전담하고 있으며 K스타트업 홈페이지(www.K-Startup.go.kr, 창업넷)에 개인으로 회원가입 후 신청할 수 있다. 예비창업패키지의 모집 업종은 전 기술 분야로 반드시 기술기반[10] 아이디어가 있어야 합격할 수 있다. 사업의 주요 내용을 살펴보면 아래와 같다.

---

10 예비창업패키지 사업을 총괄하는 곳은 중소벤처기업부의 '기술창업과'이다. 기술창업과에서 담당하니 당연히 기술기반의 창업자를 선발하는 것이다. 예비창업패키지는 2018년에는 '기술혁신형 창업기업지원사업'이라는 명칭으로 시작했는데 사업명에 '기술혁신형'이라는 것을 명시했었다. 그것이 예비창업자들에게 다소 어려웠는지 2019년에 예비창업패키지로 변경한 것이다. 다만 사업명을 예비창업패키지로 변경하여 개업형 창업을 하는 자영업 예비창업자도 사업에 신청하는 경우가 있지만 합격 확률은 낮다. 따라서 일반 음식점, 뷰티숍 능은 사영입 메징을 오픈히는 경우에는 한격 대상에서 거의 제외된다.

- 모집업종: 모든 기술 분야(우대 업종 4차 산업혁명 분야)
- 신청대상: 창업 이력 없는 예비창업자
- 신청나이: 만 39세 이하 청년(만 40세 이상은 중장년 예비창업 패키지 신청)
- 신청제외대상: 창업 또는 폐업 경험 있는 사람은 신청 불가(모든 업종)
  - 최대지원금: 1억원(평균 4,500만원)
  - 연간모집 모집횟수: 4~5회(2~8월 사이 집중)
  - 연간모집 인원: 약 2,200명(매년 증가)
  - 선정 가능횟수: 단 1회(중복수혜 불가)

중요한 것은 나이와 창업 이력이다. 어떤 업종이라도 창업 이력이 있으면 신청할 수 없다. 당연히 폐업한 경험이 있어도 신청할 수 없다. 2018년에 기술혁신형 창업기업지원사업(현, 예비창업패키지) 명칭으로 예비창업자나 창업 6개월 이내 만 39세 이하의 청년만 신청할 수 있는 사업으로 시작해 1,700명을 선발했다. 2019년부터는 명칭이 예비창업패키지로 변경되었고, 신청 자격도 만 39세 이하 예비창업자만 신청할 수 있게 되었고 다시 1,700명을 선발하였다. 2019년 하반기에 만 40세 이상의 예비창업자를 대상으로 '중장년 예비창업패키지'라는 사업을 신설하여 500명을 선발하였다.

모집공고일	세부 사업명	나이제한	주관기관 및 모집인원
2월 28일	예비창업패키지 일반 1차	만 39세 이하	기술보증기금 500명 한국여성벤처협회 100명
4월 8일	예비창업패키지 4차 산업혁명 1차, 소셜벤처	만 39세 이하	4차산업 각종 기술연구원 253명 소셜벤처 기술보증기금 100명
6월 3일	예비창업패키지 일반 2차	만 39세 이하	창조경제혁신센터/ 대학교 600명
7월 3일	예비창업패키지 4차 산업혁명 2차, 관광	만 39세 이하	4차산업 각종 기술연구원 125명 관광 한국관광공사 22명
8월 13일	중장년 예비창업패키지	만 40세 이상	창조경제혁신센터/대학 480명 인공지능 광주과학기술원 20명

[2019년 예비창업패키지 세부 모집 공고 내역]

위 표는 2019년 예비창업패키지 사업 일정이다. 예비창업패키지만 보면 2~7월까지 상반기에만 모집을 했다. 정부지원사업은 매년 비슷한 일정으로 진행한다. 2020년에도 세부 추진 일정은 비슷할 것이다. 연간 사업 일정을 대략 알고 있으면 사업을 준비하는 데 도움이 된다. 중요한 것은 대부분의 사업이 매년 2월부터 8월 정도까지만 모집한다는 것이다. 사실 9월이 넘어가면 신규 사업이 거의 없다. 행정기관은 보통 8월까지 내년도 예산을 편성하고 확정한다. 9월에는 국정감사를 준비하고 10월에는 국정감사를 받는다. 11월, 12월은 본격적으로 내년도 사업을 준비하기 때문에 9월 이후에는 신규 사업이 진행되기 어렵다. 따라서 예비창업패키지를 제대로 준비하고 싶다면 11월, 12월부터 사업계획서 작성을 시작하고 이듬해 2월에 첫 번째 예비창업패키지를 신청한다. 그리고 떨어지면 합격할 때까지 2, 3, 4 차 예비창업패키지에 도전하고 또 도전한다.

청년 예비창업자라면 예비창업패키지에 누구나 신청할 수 있다. 신청은 자유롭게 할 수 있지만 합격하는 것은 어렵다. 특히 요식업, 뷰티업, 온라인 쇼핑몰, 도소매업 및 일반 매장을 오픈하는 사업은 소상공인·자영업 영역으로 볼 수 있다. 소상공인 중에서 '공인'의 경우 기술개발이 필요하기 때문에 예비창업패키지에 신청하여 합격할 가능성도 있다. 하지만 자영업의 경우 기술혁신이 중심이 되는 예비창업패키지에 합격하기 매우 어렵다. 자영업 창업의 경우 소상공인 시장진흥공단에서 운영하는 생활혁신형창업 지원사업과 신사업창업 사관학교 사업에 신청하는 융자상환 조정형 창업자금대출을 검토하는 것이 바람직하다.

예비창업패키지 주요 특징

예비창업패키지는 우리나라 창업지원사업 중에서 모든 면에서 최고의 사업이다. 무엇보다 예비창업자가 가장 합격하기 쉬운 창업지원사업이라는 것이다. 예비창업자만을 대상으로 하면서 그 외 신청 제약은 없는 데다가 신청 나이를 만 39세 이하와 만 40세 이상으로 구분해 모집한다. 또 가장 많은 인원을 선발(2,000명 이상)하고 연간 4~5회 선발하는 횟수도 다른 사업에 비하여 많다. 사업의 평균 경쟁률이 3.5:1에서 8:1 정도로 다른 창업지원사업에 비해 낮은 편이다.

구분	내용	비고
아이디어의 첫 번째 검증	창업 아이디어를 공식으로 검증하는 첫 번째 시험	합격하면 창업 아이디어의 가능성이 약간 있는 것이고 탈락한다면 많이 부족한 것
신청 나이	만 39세 이하: 예비창업패키지 만 40세 이상: 중장년 예비창업패키지	2019년부터 만 40세 이상을 대상으로 '중장년 예비창업패키지사업' 신설
최대 1억원 지원	예비창업자 대상 최대 창업지원금 지원 최대 1억원, 평균 5,000~6,000만원	창업지원사업 중 최대지원은 창업도약패키지로 최대 7억원까지도 지원, 단 업력 3~7년 기업 대상
연간 2천명 이상 선발	예비창업패키지: 1,700명 선발 중장년 예비창업패키지: 500명 선발	2018년 이후 매년 증가 추세
연간 최대 5회 모집	예비창업패키지 일반 1, 2차 2회 예비창업패키지 4차산업/소셜/관광 2회 중장년 예비창업패키지 1회	특화 분야 다양(기술보증기금, 여성벤처) 모집 기관 전국적으로 다양
표준 창업 사업계획서	예비창업패키지 창업사업계획서가 창업지원사업의 표준 사업계획서	예비창업패키지 이외에 도전K스타트업 창업리그, 지자체 창업지원사업, 초기창업패키지, 청년창업사관학교 신청 시 재활용 가능
낮은 경쟁률	다양한 창업지원사업 중에서 선발인원이 많고 모집횟수가 많아 비교적 경쟁률이 낮음	최저 3.5:1~최대 8:1 수준으로 추정 초기창업패키지 평균 약 30:1
다양한 분야	일반 분야(산업 전 분야), 4차 산업혁명 분야, 소셜벤처 분야, 관광 분야 등 다양하게 선발	일반 분야에서 약 1,700명 선발

[예비창업패키지의 주요 특징]

예비창업패키지는 가장 합격하기 쉬운 창업지원사업이면서 창업지원사업에 표준이 되는 사업이다. 요구하는 사업계획서의 분량도 A4 용지 5~7페이지 내외로 많지 않다. 그리고 **예비창업패키지 창업 사업계획서가 다른 창업지원사업(청년창업사업학교, 도전! K-스타트업 공모전, 초기창업패키지, 지자체 창업지원사업)의 표준이 된다.** 한 번 작성한 사업계획서를 수시로 업데이트하면서 오랜 준비 없이 여러 가지 창업지원사업에 신청할 수 있는 장점이 있다. 마지막으로 지원금액이 매우 크다는 것이다. 최대 1억원의 창업지원금을 지원한다. 예비창업자를 대상으로 가장 많은 금액을 지원하는 사업이다. 창업한 후에는 창업기간이 늘어나면서 초기창업패키지(3년 이하 기업 대상), 창업도약패키지(3~7년 이내 기업대상) 등 단계별 창업지원사업에 신청할 수 있다.

　창업을 하겠다고 다짐했다면 반드시 예비창업패키지부터 합격해야 한다. 혁신형 창업을 한다면 반드시 어떤 차별화된 아이디어가 있는 것이고, 그 아이디어를 다른 사람들이 이해할 수 있어야 사업에 성공할 수 있다. 예비창업패키지는 그 아이디어를 먼저 검증해 주는 단계라고 생각하면 된다. 매년 예비창업패키지에서 선발되는 2,200개의 아이디어 중에서 3년 후에도 살아남은 아이디어는 100개도 안 될 것이다. 따라서 예비창업패키지에도 합격하지 못할 아이디어라면 창업을 다시 생각해 봐야 한다. 예비창업패키지에 합격될 때까지 아이디어를 발전시켜야만 한다. **예비창업패키지는 창업과 성공을 위해 반드시 통과해야 하는 공식적인 첫 번째 시험인 것이다.**

창업지원금 **1억**
받고 시작하는
초보 창업 방법

제2부

창업 전 해야 할 일

창업지원사업 조사 및 계획 수립

(1) 주요 창업지원 사이트

○─ **핵심 요약** ─○

- K스타트업(창업넷): 우리나라 창업지원사업을 총괄하는 가장 중요한 사이트
- 광역지자체별 창조경제혁신센터와 산업 · 경제 관련 진흥원 사이트 즐겨찾기 추가
- 소상공인시장진흥공단: 소상공인 및 자영업 창업을 위한 창업지원사업 총괄

예비창업자를 위한 필수 창업지원 사이트 10+1

우리나라에는 정말 많은 창업지원사업과 중소기업 지원사업이 있다. 주로 중앙정부와 광역지자체에서 창업지원사업을 추진한다. 창업기업과 중소기업 지원사업의 경우 중앙부처(중소벤처기업부, 과학기술정보통신부, 산업통상자원부 등), 광역지자체(서울특별시, 경기도, 강원도 등), 시군구청(수원시, 고양시, 양주군, 동작구, 강남구, 송파구 등)의 순으로, 최소 단위 행정구역부터 창업지원사업과 중소기업 지원사업을 추진한다. 중앙정부로 올라갈수록 사업규모가 커진다.

또 창업 전부터 후까지 전 분야에 걸쳐 창업지원사업이 있다. 특허 출원 · 등록, 창업지원금, 창업보육시설을 통한 사무실 임대, 사업타 당성 분석, 마케팅(홍보, 동영상, 홈페이지 제작 및 전시회 참가 등 거의 모든 부분), 인건비, 4대 보험료, 해외 진출, 시제품 제작, 멘토 링/컨설팅, 정부R&D지원금, 창업교육, 회계 정산 지원 등 창업기업 에 필요한 거의 모든 분야에서 창업을 지원한다. 이런 창업지원사업 은 해당 기관의 홈페이지를 통해 창업지원정보를 수시로 공지한다.

그중에서 창업을 준비 중인 예비창업자에게 꼭 필요한 사이트 10 곳을 소개한다. 창업 전에 반드시 방문하여 창업정보를 조사하고 수 집해야 한다. 그중에서도 K스타트업(창업넷)과 각 광역지자체 창조 경제혁신센터 그리고 각 광역단체의 산업 · 경제 관련 진흥원[11] 등 3 가지 사이트에는 꼭 가입하여 창업지원정보를 매일 확인하는 것이 좋다.

그리고 마지막 플러스 1개 사이트는 내가 운영하는 '초보 창업 방법' 블로그이다. 이 블로그를 통해서 나와 직접 소통이 가능하고 특별한 창업지원정보를 확인할 수 있다.

---

11   각 광역지자체 모누 경세 · 과학 · 산업 · 문화 · 지식 · 정보원이라는 이름으로 증소기업 및 창업 기업 지원사업을 운영하고 있다. 대표적으로 서울산업진흥과 경기도경제과학진흥원이 있다.

사이트명	URL	내용
K스타트업 (창업넷)	www.K-Startup.go.kr	예비창업패키지/입주시설 등 우리나라 창업지원사업 메인 사이트
창조경제혁신센터	ccei.creativekorea.or.kr	광역지자체 중심의 창업지원사업 운영
광역지자체 산업 · 경제 관련 진흥원	www.sba.seoul.kr www.gbsa.or.kr	예, 서울산업진흥원, 경기도경제과학진흥원 등
아이디어마루	www.ideamaru.or.kr	예비창업자 아이디어 검증 지원, 멘토링 지원 (2020년 3월 K스타트업으로 통합)
중소기업 기술개발 종합관리시스템	www.smtech.go.kr	중소벤처기업부 R&D사업 관리 운영 사업계획서 작성교육, 멘토링, 컨설팅 지원
테크노파크	www.technopark.kr	광역단체 중심의 중소기업지원사업 운영
지역지식재산센터	www2.ripc.org	광역단체 중심의 특허/ 지식재산권지원사업 운영
소상공인시장 진흥공단	www.semas.or.kr	소상공인/자영업자 창업지원사업 운영
중소벤처기업 진흥공단	www.kosmes.or.kr	창업자금/중소기업 대출, 청년창업사관학교 운영
기업마당	www.bizinfo.go.kr	중소기업 지원사업 통합 공고 사이트
초보 창업 방법	blog.naver.com/ariverly	이혁재와의 소통 창구

[예비창업자가 창업지원정보를 쉽게 조사할 수 있는 필수 창업지원 사이트 10+1]

▶ K스타트업(창업넷) 홈페이지

[창업진흥원의 K스타트업 홈페이지 메인화면]

▶ 창조경제혁신센터 홈페이지

[창업진흥원의 창조경제혁신센터 홈페이지 메인화면]

▶ 서울산업진흥원 홈페이지

[서울특별시 서울산업진흥원 홈페이지 메인화면]

광 역 지 자 체 별 주 요 창 업 지 원 사 이 트

지역	창업지원 사이트
서울	서울산업진흥원, 서울창업허브, 서울창조경제혁신센터, 서울테크노파크, 서울창업디딤터, 서울창업카페, 서울기업지원센터, 강남구청년창업지원센터 등
경기	경기도경제과학진흥원, 이즈비즈, 경기창조경제혁신센터, 경기테크노파크, 경기대진테크노파크, 수원시지속가능도시재단, 성남산업진흥원, 군포산업진흥원, 부천산업진흥재단, 고양지식정보산업진흥원, 광명시청년창업지원센터, 용인시디지털산업진흥원, 안산창조산업진흥원, 경기콘텐츠코리아랩, 경기콘텐츠진흥원, 경기문화창조허브 등
인천	인천테크노파크, 인천창조경제혁신센터, 인천비즈OK, 인천콘텐츠코리아랩, 인천콘텐츠코리아랩 등

부산	부산경제진흥원, 부산창조경제혁신센터, 부산테크노파크, 부산시창업지원센터, 부산콘텐츠코리아랩, 부산정보산업진흥원 등
울산	울산경제진흥원, 울산창조경제혁신센터, 울산테크노파크, 울산과학기술진흥세센터, 울산정보산업진흥원 등
대구	대구창조경제혁신센터, 대구디지털산업진흥원, 대구테크노파크, 대구콘텐츠코리아랩 등
대전	대전경제통상진흥원, 대전창조경제혁신센터, 대전테크노파크, 대전정보문화산업진흥원 등
광주	광주경제고용진흥원, 광구정보문화산업진흥원, 광주창조경제혁신센터, 광주테크노파크, 광주콘텐츠코리아랩 등
세종	세종창조경제혁신센터, 세종지역산업기획단, 세종테크노파크 등
강원	강원도경제진흥원, 강원창조경제혁신센터, 강원테크노파크, 강릉과학산업진흥원, 강릉정보산업진흥원
충북	충청북도기업진흥원, 충청북도지식산업진흥원, 충북창조경제혁신센터, 충북테크노파크, 충북콘텐츠코리아랩 등
충남	충청남도경제진흥원, 충남창조경제혁신센터, 충남테크노파크, 충남1인창조기업센터, 충남문화산업진흥원, 충남콘텐츠코리아랩 등
경북	경상북도경제진흥원, 경북창조경제혁신센터, 포항창조경제혁신센터, 경북테크노파크, 경북콘텐츠코리아랩 등
경남	경남창조경제혁신센터, 경남테크노파크 등
전북	전라북도경제통산진흥원, 전북창조경제혁신센터, 전북콘텐츠코리아랩, 전북디지털산업진흥원, 전라북도문화콘텐츠산업진흥원, 전주정보문화산업진흥원, 전북테크노파크 등
전남	전남으뜸창업, 전남창조경제혁신센터, 빛가람창조경제혁신센터, 전남테크노파크 등
제주	제주경제통상진흥원, 제주창조경제혁신센터, 제주테크노파크 등
전국	창업진흥원, 중소기업기술정보진흥원, 정보통신산업진흥원, 정보통신기획평가원, 한국산업기술진흥원, 한국콘텐츠진흥원, 공간정보진흥원, 한국디자인진흥원, 스마트미디어센터 등

지역별로 위에 언급된 지원기관보다 더 많은 창업지원기관과 중소

기업 지원기관이 있다. 또 시, 군, 구청 단위에서도 다양한 창업지원
사업과 기관이 있고 지역별로 특화 서비스를 제공하고 있다. **창업할
때는 본인이 속한 지역의 창업지원사업을 반드시 확인하고 도전해야
한다. 아무래도 지역별 소단위 행정구역으로 갈수록 경쟁률이 낮아
지니 그만큼 합격 가능성도 높다.**

(2) 창업지원사업 종류

─○ 핵심 요약 ○─

• 우리나라 주요 부처별로 창업지원사업을 운영하고 있기에 창업자의 아이디어에 맞는 최적의 창업지원사업을 찾는 것이 중요하다.
• 중소벤처기업부(창업진흥원)의 창업지원사업이 가장 보편적이고 예산도 많다.
• 연간 최소 10,000명은 창업지원사업으로 창업할 수 있다.

우리나라 창업지원사업

우리나라 중앙정부의 창업지원사업은 '중소벤처기업부 창업정책총괄과'에서 총괄한다. 창업지원사업의 규모는 매년 늘어나고 있다. 2019년도 기준으로 14개 부처에서 약 69개의 사업을 추진하고 있으며, 총 예산은 1조 1,180억원 규모이다. 중앙정부의 예산 중 90%에 달하는 약 1조원은 중소벤처기업부에 배정되어 있다. 지자체의 창업지원사업은 별도의 예산으로 편성된다. 창업지원사업은 기업의 업력에 따라 예비창업자, 3년 이내 창업자, 5년 이내 창업자, 7년 이내 창업자, 재창업자로 구분하여 지원한다. 어떤 사업은 예비창업자만 지원하고, 어떤 사업은 예비창업자와 창업 3년 이내 창업자를 지원하고, 어떤 사업은 3년 이내, 5년 이내, 7년 이내 창업자를 대상으로 지원한다.

중요한 것은 기업의 업력에 따라 단계별로 창업지원사업을 여러 번

받을 수 있다는 것이다. 예를 들어 예비창업패키지로 창업지원사업을 받은 후에 3년 이내 초기창업패키지와 7년 이내 창업도약패키지 창업지원사업을 연속해서 받을 수 있다. 다만, 동일한 사업은 두 번 이상 받을 수 없다. 그리고 그 업력이 경과했을 때 소급하여 지원받을 수도 없다. **따라서 기업의 업력에 따라서 받을 수 있는 창업지원사업은 반드시 1회는 받아야 한다.**

업력	내용
창업 전	예비창업패키지 1억원, 1회 지원
창업 3년 미만	초기창업패키지 1억원, 1회 지원
창업 3년~7년 미만	창업도약패키지 2~4억원 지원, 1회 지원
창업~7년 이하	창업성장기술개발사업 2억원, 최대 4회까지 수혜 가능 (R&D 창업지원사업)

[중소기업 업력별로 받을 수 있는 가장 보편적인 창업지원사업]

위 표와 같이 혁신적 아이디어로 제품과 서비스를 개발한다면 업력에 따라서 창업 후 4년이 되기 전까지 최대 7~8억원을 지원받을 수도 있다. 게다가 위 창업지원사업은 현금으로 지원하는 창업지원사업이고, 현물성 창업지원사업까지 합치면 훨씬 많은 지원을 받을 수도 있다.

다음은 2019년도 중앙정부 창업지원사업 현황이다. 사업화는 물론 R&D, 창업교육, 시설 · 공간 · 보육, 멘토링 · 컨설팅 지원 등 다양한 분야의 창업지원사업과 소관부처를 확인할 수 있다. 이 창업지원사업 현황을 확인하고 현재 창업자가 추진하고자 하는 아이디어에 가장 적합한 사업을 찾아 미리 사업내용을 확인해야 한다. 특히 사업규모 100억원이 넘는 창업지원사업은 많은 창업자를 선발하여 많은 금액을 지원하는 사업이기 때문에 더 관심을 갖고 살펴봐야 한다.

▶ 2019년도 정부 창업지원사업 현황

사업명	지원대상	전담(주관)기관	사업규모 (억원)	소관 부처
◇ 사업화				
청년 등 협동조합 창업지원 사업	청년, 시니어 등 예비창업팀	한국사회적기업진흥원	9.6	기재부
실험실특화형 창업선도대학 육성	기술혁신형 창업팀	한국연구재단	9.8	교육부
K-Global 액셀러레이터 육성	액셀러레이터 선발 창업팀	정보통신산업진흥원	18.0	과기정통부
K-Global 스타트업 공모전	예비창업자 및 창업 후 3년 이내 기업	정보통신산업진흥원	10.0	과기정통부
관광벤처사업 발굴 및 지원	관광분야 예비창업자, 창업 초기기업	한국관광공사	34.0	문체부
콘텐츠 스타트업 창업육성프로그램	콘텐츠 예비창업자, 창업 후 3년 이내 기업	한국콘텐츠진흥원	30.0	문체부
스포츠산업 액셀러레이터	5년 미만 창업자	국민체육진흥공단	17.0	문체부
농산업체판로지원	창업 후 7년 미만 농산업체	농업기술실용화재단	9.6	농식품부
지역 클러스터 – 병원 연계 창업 인큐베이팅 지원사업	창업 후 7년 이내 기업	한국보건산업진흥원	2.4	복지부

사회적기업가 육성사업	예비 및 2년 미만 기창업자, 재도전창업자	한국사회적기업진흥원	280.6	고용부
공간정보창업지원	대학생, 예비 창업자	한국국토정보공사(LX)	4.0	국토부
해양수산 창업 투자 지원센터	예비창업자 및 유망 기업	테크노파크 등	45.0	해수부
해양신산업 인큐베이팅	예비창업자 및 유망 기업	해양수산과학 기술진흥원	19.0	해수부
초기창업패키지	창업 후 3년 미만 기업	창업진흥원	1,027.0	중기부
예비창업패키지	예비창업자	창업진흥원	1,010.5	중기부
창업성공패키지 (청년창업사관학교)	창업 후 3년 이하 기업 (만 39세 이하)	중소기업 진흥공단	922.2	중기부
창업도약패키지	창업 후 3년 이상 7년 이내 기업	창업진흥원	840.0	중기부
민관공동 창업자 발굴 육성(TIPS)	창업 후 7년 이내 기업	창업진흥원	247.0	중기부
재도전 성공패키지	예비 및 3년 이내 재창업자	창업진흥원	178.0	중기부
창업기업지원 서비스 바우처	창업 후 3년 이내 기업	창업진흥원	160.0	중기부
포스트 팁스(TIPS)	팁스(R&D) 성공(졸업) 기업 중 업력 7년이내 기업	창업진흥원	100.0	중기부
사내벤처 육성 프로그램	사내벤처팀 및 3년이내 분사창업기업	창업진흥원	100.0	중기부
글로벌 액셀러레이팅	예비 창업자 및 창업 7년 미만기업	창업진흥원	28.0	중기부
장애인 창업사업화 지원	장애인 예비 창업자 및 업종전환희망자	(재)장애인기업 종합지원센터	12.0	중기부
장애인기업 시제품 제작 지원	장애인 예비창업자 등	(재)장애인기업 종합지원센터	5.6	중기부

스타트업 특허바우처	창업 후 7년 미만 및 매출액 100억 미만	한국특허전략개발원	10.0	특허청
기상기후산업 청년창업 지원사업	만 34세 이하의 개인 또는 팀단위(2~5인)	한국기상산업 기술원	1.4	기상청
◇ R&D				
농식품벤처창업 바우처 지원	농식품 분야 예비창업자 또는 창업 초기기업	농림식품기술 기획평가원	26.0	농식품부
창업성장기술개발사업	창업 후 7년 이내 기업	중소기업기술 정보진흥원	3,733.0	중기부
재도전기술개발	재창업 후 7년 미만기업	중소기업기술 정보진흥원	38.0	중기부
◇ 창업교육				
대학창업 교육체제 구축사업	대학, 전문대학, 대학(원)생, 교수 등	한국연구재단 등	12.2	교육부
공공기술기반 시장연계 창업지원	대학(원)생, 연구원 등 실험실 (예비)창업팀	한국연구재단	65.8	과기정통부
스포츠산업 창업지원센터	예비 창업가 및 3년 미만 창업자	국민체육 진흥공단	27.3	문체부
농촌현장창업보육	예비 창업자 및 창업 후 5년 미만 기업	농업기술실용화재단	31.5	농식품부
신사업창업사관학교	소상공인 예비창업자	소상공인시장 진흥공단	102.1	중기부
청소년 비즈쿨	청소년 (초중고 및 학교밖)	창업진흥원	76.6	중기부
메이커 문화 확산	창작활동 관심 일반인	창업진흥원	61.8	중기부
실전창업교육	예비창업자	창업진흥원	57.0	중기부
대학기업가센터	대학생 등 (예비)창업인력	창업진흥원	18.0	중기부

장애인맞춤형창업교육	장애인 예비 창업자 및 업종전환 희망자	(재)장애인기업 종합지원센터	9.7	중기부
IP기반차세대영재 기업인 육성사업	중학교 1~3학년 또는 이에 준하는 연령 (13~16세)	한국발명진흥회	9.0	특허청
◇ 시설 · 공간 · 보육				
K-Global 빅데이터 스타트업 기술지원	빅데이터 기반 (예비)창 업기업	한국정보화 진흥원	8.6	과기정통 부
지역주도형 청년일자 리 사업(창업투자생 태계 조성형-2유형)	만18~39세 미취업 청년	지자체	362.2	행안부
출판지식창업보육센 터 운영	예비 창업자 및 창업 후 3년 미만 기업	한국출판문화 산업진흥원	2.0	문체부
지역혁신생태계 구축 지원 (창조경제혁신센터)	예비창업자, 창업 후 3년 미만 기업	창업진흥원	379.7	중기부
메이커 스페이스 구축	창작활동 관심 일반인	창업진흥원	285.0	중기부
창업보육센터 운영지원	예비 및 3년 미만 창업자	한국창업보육협회	141.7	중기부
스타트업파크	예비 창업가 및 창업가	창업진흥원	125.7	중기부
판교밸리창업존 운영	예비창업자 및 7년 미만 창업기업	창업진흥원	61.6	중기부
1인창조기업지원센 터 (1인창조기업활 성화)	(예비) 1인창조기업	창업진흥원	53.0	중기부
중장년 기술창업센터	만 40세 이상 (예비)창업 자 (창업 후 3년 이내)	창업진흥원	48.8	중기부
소셜벤처 육성	소셜벤처	기술보증기금	19.0	중기부
장애인기업 창업보 육실 운영	장애인 예비창업자 또는 창업 후 3년 미만 기업	(재)장애인기업 종합지원센터	6.5	중기부

◇ 멘토링·컨설팅				
K-Global 창업멘토링(ICT 혁신기술 멘토링)	ICT분야 창업 후 7년 이내 기업	한국청년기업가정신재단	29.9	과기정통부
실험실창업 이노베이터 육성	고경력 과학기술인, 이공계 창업경력자 등	한국연구재단	10.0	과기정통부
K-Global 클라우드 기반 SW 개발환경 지원	예비 창업자 및 3년 미만 창업자	정보통신산업진흥원	9.1	과기정통부
K-Global 시큐리티 스타트업	창업 후 3년 이내 기업	한국인터넷진흥원	1.0	과기정통부
농식품 크라우드펀딩 플랫폼 구축·운영	창업 초기기업	농업정책보험금융원	6.6	농식품부
아이디어사업화 온라인플랫폼 운영	아이디어 보유 (예비)창업자	창업진흥원	44.3	중기부
생활혁신형 창업지원사업	소상공인 예비창업자	소상공인시장진흥공단	19.0	중기부
여성벤처창업케어 프로그램	우수 아이디어 보유 여성 예비창업가	한국여성벤처협회	5.4	중기부
IP 나래 프로그램	7년 이내 창업기업 및 5년이내 전환 창업 기업	한국발명진흥회	60.2	특허청
IP 디딤돌 프로그램	예비창업자	한국발명진흥회	36.3	특허청
◇ 행사·네트워크				
예술창업아이디어 경진 대회(예술해커톤)	예술, 기술, 디자인, 등 각 분야 전문가 등	(재)예술경영지원센터	6.3	문체부
환경창업대전(Eco+ Start Up Fair)	전 국민, 업력 7년 미만의 창업기업	한국환경산업기술원	0.8	환경부
글로벌스타트업 페스티벌	(예비)창업기업, 일반인	창업진흥원	30.0	중기부
대한민국 창업리그	예비창업자 및 창업 후 3년 이내 기업	창업진흥원	28.0	중기부

여성창업경진대회	예비창업자 및 창업 후 5년 미만 기업(여성)	(재)여성기업종합 지원센터	0.9	중기부
장애인 창업아이템 경진대회	장애인 예비창업자 및 창업 3년 미만 기업	(재)장애인기업종 합지원센터	0.5	중기부

- 정부직제순, 예산규모순으로 정리.
- 세부 내용은 변경될 수 있으며, 사업별 모집공고(K스타트업 홈페이지 참고) 확인 필요. 2019년 1월에 공지된 내용으로 현재 시점과는 내용이 다를 수 있음. 특히 지원대상이 달라진 경우가 많으니 관심 있는 사업에 대해서는 가장 최근의 사업공고 세부 내역을 확인해야 함.
- 출처: 2019년 1월 3일 중소벤처기업부 창업정책총괄과 보도자료

[2019년 정부 창업지원사업 현황]

정부 창업지원사업의 현황은 매년 1월 초 중소벤처기업부에서 발표한다. 2019년 창업지원사업도 1월 3일에 발표했다. 중소벤처기업부 홈페이지 보도자료 배포 메뉴 또는 K스타트업(창업넷) 홈페이지 공지사항에서 확인할 수 있다. 그런데 연초에 발표된 창업지원사업은 실제 연중에 사업이 진행되면서 지원대상의 자격조건, 사업규모, 사업지원횟수 등이 자주 변경된다. 따라서 1월 초에 발표된 지원정보만 믿고 준비하면 안 된다. 적어도 주 1회 각 창업지원사업의 전담기관 홈페이지에 접속하여 사업공고가 되는지 확인하고 공고가 되면 공고문을 꼼꼼히 살펴보고 창업지원사업 신청을 준비해야 한다.

기술력이 있는 창업자라면 정부R&D지원사업도 관심을 가져야 한다. 매년 1월 초에 '정부R&D지원사업 부처합동설명회'를 개최한다. 설명회에서는 부처별로 R&D지원사업의 개요를 3시간 정도 진행한다. 서울에서 3일간 개최하고 1주일 정도 후에 대전에서 3일간 개최

한다. 이 설명회에는 3,000명 이상 청중들이 몰리기 때문에 빨리 가지 않으면 자리를 잡을 수 없다. 갈 수 있다면 한 번 정도는 가 봐도 되겠지만 여의치 않으면 인터넷으로 설명회를 생중계하니 그것을 이용해도 된다. 발표된 모든 자료는 1주일 정도 지나면 인터넷에서 다운로드받을 수 있다. 나도 인터넷 생중계로 시청했는데 큰 문제 없이 시청할 수 있었다. 혁신형 창업을 준비하는 창업자라면 매년 초에는 정부지원사업의 공고 내용도 확인하고 R&D지원사업도 관심을 가질 필요가 있으니 참고하기 바란다.

(3) 핵심 창업지원사업 7가지

분야	사업명	지원대상	지원금	사이트
사업화	예비창업패키지	예비창업자	최대 1억원	K스타트업 (창업넷)
사업화	창업성공패키지 (청년창업사관학교)	예비창업자, 창업 후 3년 이하 기업 (만 39세 이하 및 만 49세 이하 기술경력자)	최대 1억원	KOSMES 청년창업사관학교
사업화	재도전 성공패키지	예비 및 3년 이내 재창업자	최대 8천만원	K스타트업 (창업넷)
사업화	초기창업패키지	예비창업자, 창업 후 3년 미만 기업	최대 1억원	K스타트업 (창업넷)
시설 보육공간	지역혁신생태계 구축지원(창조경제혁신센터)	예비창업자, 창업 후 3년 미만 기업	–	창조경제혁신센터
공모전	도전! K-스타트업	예비창업자 및 창업 후 7년 이내 기업	최대 1억원	K스타트업 (창업넷)
R&D	창업성장기술개발사업 디딤돌창업과제	창업 후 7년 이내 기업	평균 1.5억원	SMTECH

[핵심 창업지원사업 7가지]

1. 창업지원사업의 꽃: 예비창업패키지, 중장년 예비창업패키지

구분	내용
사업명	예비창업패키지, 중장년 예비창업패키지(지원대상 나이로 구분)
홈페이지	www.K-Startup.go.kr

지원대상	(1) 만 39세 이하는 예비창업패키지, 약 1,700명 - 창업경험이 없는 순수한 예비창업자 (2) 만 40세 이상은 중장년 예비창업패키지, 약 500명 - 예비창업자 또는 폐업 경험이 있는, 사업자 등록을 하지 않은 예비창업자
운영시기	예비창업패키지: 2019년 기준, 4회 (2월, 4월, 6월, 7월)_매년 변동 중장년 예비창업패키지: 2019년, 기준 1회(8월), 2019년 처음 시행
지원내용	창업지원금 최대 1억원 지원(평균 약 5,000만원)
참여목적	창업자금 최대 1억원 확보

[예비창업패키지, 중장년 예비창업패키지 사업 개요]

▶ 지원금은 크고 경쟁률이 낮은 창업지원사업, 중장년 예비창업패키지

앞서도 간단하게 설명했지만 예비창업패키지는 창업지원사업에서 핵심 사업이다. 만 39세 이하의 경우 예비창업패키지, 만 40세 이상의 경우 중장년 예비창업패키지에 신청할 수 있다. **예비창업패키지는 최대 1억원을 지원하는 사업 중에서 예비창업자만 신청할 수 있고 2,000명이 넘는 인원을 선발하기 때문에 경쟁률도 가장 낮다.** 또 예비창업패키지 모집횟수도 연간 4회나 된다. 대부분의 창업지원사업이 그렇듯 매년 2월부터 시작해서 8월 정도에 마감된다. 다만 7~8월 추경예산이 편성되면 추가로 모집하는 경우가 있다.

예비창업패키지는 현재 가진 것이 없는 비슷한 처지의 예비창업자만 경쟁하기 때문에 누구든지 합격을 기대해 볼 만하다. 어떤 정부지원사업이든지 경쟁률이 낮은 사업이 가장 합격하기 쉽다. 경쟁률이

낮은 경우 서류평가 없이 바로 대면평가를 보는 경우도 있다. 서류평가만 통과되면 대면평가는 보통 1.5:1~2:1 정도 되니까 한번 도전해 볼 만하다.

▶ 예비창업패키지(만 39세 이하) 주요 공고 내용

2019년 예비창업패키지 (일반 1차) 예비창업자 모집공고

기관명	창업진흥원	기관구분	공공기관
담당부서	예비창업부	연락처	1357
접수기간	2019-02-28 ~ 2019-03-28 18:00	지원분야	사업화
지역	전국	업력	예비창업자
대상	전체	대상연령	만 20세 미만, 만 20세 이상 ~ 만 39세 이하

중소벤처기업부 공고 제2019 - 103호

2019년 예비창업패키지 (일반 1차) 예비창업자 모집공고

혁신적인 기술 창업 소재가 있는 청년 예비 창업자를 육성하기 위한 「2019년 **예비창업패키지**」 에 참여할 예비 창업자를 다음과 같이 모집합니다.

2019년 2월 28일
중소벤처기업부장관

▷ **신청방법 및 대상**

● **신청기간** - 2019.02.28 (목) ~ 2019.03.28 (목) 18:00 까지

● **신청방법** - 온라인 접수 (**바로가기**)

● **신청대상** - 기술보증기금 : 만 39세 이하 예비창업자
- 한국여성벤처협회 : 만 39세 이하 여성 예비창업자

[K스타트업 예비창업패키지 공고 예시]

- 모집분야: 전 기술 분야, 4차산업, 소셜벤처, 인공지능, 관광 분야 등 나누어 모집함.
- 신청자격: 만 39세 이하 예비창업자(여성 예비창업자만 지원하는 분야가 있음)
- **창업경험 無: 업종 무관하게 창업경험이 한 번도 없는 예비창업자 만 지원 가능**

- 주요 신청제외 대상

　① 신청자 명의로 창업 또는 폐업한 사실이 있는 자

　② 금융기관 등으로부터 채무불이행으로 규제 중인 자

　③ 국세 또는 지방세 체납으로 규제 중인 자

　④ **타 중앙부처 창업사업화 지원사업을 수행 중인 자(중앙부처가 아닌 지방자체단체의 창업지원사업은 상관없음)**

- 사업화자금: 최대 1억원(평균 4,500만원)

- 사업화자금 이용 유의사항

　① **대표자의 인건비는 쓸 수 없음(가족이나 친척에 지급되는 자금 모두 불가).**

　② 모든 자금집행은 승인 후 집행 가능하며 증빙자료와 영수증이 필수.

　③ 자금집행 방법 안내 책자를 제공하며 그 기준에 따라 집행하면 됨.

　④ **자금집행 방법 안내 책자에 설명이 부족해 자금 집행 가능 여부가 애매한 것은 모두 불가함.**

- 선정자 의무사항

　① **예비창업패키지 사업협약 후 2개월 이내 창업 완료(사업자 등록).**

　② **사업계획서상 팀 인원 3개월 이내 채용 완료(4대 보험 가입).**

　③ 창업교육 40시간 이수

　④ 협약 종료 연도 다음 해부터 5년간 이력 관리 요청에 응해야 함.

▶ 중장년 예비창업패키지(만 40세 이상) 주요 공고 내용

2019년 중장년 예비창업패키지 예비창업자 모집 공고

			사업안내 바로가기
기관명	창업진흥원	기관구분	공공기관
담당부서	예비창업부	연락처	042-480-4460
접수기간	2019-08-19 ~ 2019-08-28 18:00	지원분야	사업화
지역	전국	이력	예비창업자
대상	일반인, 일반기업, 1인 창조기업	대상연령	만 40세 이상

중소벤처기업부 공고 제2019 - 350호

2019년 중장년 예비창업패키지 예비창업자 모집 공고

혁신적인 기술 창업 소재가 있는 중장년 예비창업자를 육성하기 위한 「2019년 **예비창업패키지**」에 참여할 예비 창업자를 다음과 같이 모집합니다.

2019년 8월 13일
중소벤처기업부장관

▷ 신청방법 및 대상

● **신청기간** - 2019.08.19 (월) ~ 2019.08.28 (수) 18:00 까지

● **신청방법** - 온라인 접수 : (**바로가기**)
※ 회원가입 (대표자 명의) → 신청서 입력 → 제출서류 업로드 → 접수확인 및 완료

● **신청대상** - 만 40세 이상 ('79년 8월 13일 이전 출생)인 자로, 사업공고일까지 창업경험이 없거나 공고일 현재 ('19년 8월 13일 기준) 신청자 명의의 사업체(개인, 법인)를 보유하고 있지 않은 자
※ 상세 자격요건은 공고문 참조

[K스타트업 중장년 예비창업패키지 공고 예시]

– 모집분야: 전 기술 분야, 인공지능 등

– 신청자격: 만 40세 이상 예비창업자

– 창업 관련 경험

  ① 창업 경험이 없는 자(개인사업자 대표 및 법인사업자 (대표)이사 경험이 없는 자)

  ② **폐업 경험이 있는 경우, 이종업종으로 창업을 예정 중인 자(창업하고 폐업한 경험이 있는 만 40세 이상도 지원 가능)**

– 주요 신청제외 대상

  ① 금융기관 등으로부터 채무불이행으로 규제 중인 자

② 국세 또는 지방세 체납으로 규제 중인 자

③ 타 중앙부처 창업사업화 지원사업을 수행 중인 자(중앙부처가 아닌 지방자체단체의 창업지원사업은 상관없음)

④ 예비창업패키지 전담멘토, PD로 활동 중인 자, 예비창업패키지 평가위원 참여자

– 사업화자금: 최대 1억원(평균 5,170만원)

– 사업화자금 이용 유의사항

① 대표자의 인건비는 쓸 수 없음(가족이나 친척에 지급되는 자금 모두 불가).

② 모든 자금집행은 승인 후 집행 가능하며 증빙자료와 영수증이 필수.

③ 자금집행 방법 안내 책자를 제공하며 그 기준에 따라 집행하면 됨.

④ 자금집행 방법 안내 책자에 설명이 부족해 자금 집행 가능 여부가 애매한 것은 모두 불가함.

– 선정자 의무사항

① 예비창업패키지 사업협약 후 2개월 이내 창업 완료(사업자 등록).

② 사업계획서상 팀 인원 3개월 이내 채용 완료(4대보험 가입).

③ **폐업 경험이 있는 자는 이종업종의 제품이나 서비스를 생산하는 사업자로 창업하여야 하며, 동종업종으로 창업한 사실이 확인되는 경우 지원을 중단하고, 사업비 환수·참여 제한 등 제재가 있을 수 있음.**

④ 창업교육 40시간 이수.

⑤ 협약 종료 연도 다음 해부터 5년간 이력 관리 요청에 응해야 함.

▶ 예비창업패키지 합격을 위한 몇 가지 Tip

① 팀창업 우대: 혼자 창업하는 것보다 2~3명의 창업 동지가 있는 것이 유리.

② 대표자 경력: 대표자가 해당 분야에 경험이 많은 경우 유리.

③ 4차산업 분야, 신사업 분야 우대: 중소벤처기업부에서 추진하는 기술개발.

④ 경쟁률: 적게는 3:1에서 많게는 8:1 수준으로 다른 창업지원사업에 비하여 경쟁률이 낮음.

⑤ 주관(전담)기관 선택: 주로 수도권 경쟁이 높고 지방 경쟁률이 낮음. 따라서 주관기관 선택 시 신중하게 선택해야 함. 여성 전용 예비창업패키지 경쟁률이 의외로 높음.

⑥ 대면평가 급하게 진행: 1차 서류평가 발표 후 대면평가를 급하게 진행하여 미리 발표평가를 준비해야 함. 발표는 5분, 질의응답 15분으로 발표 멘트는 A4용지 1장 준비.

2. 창업성공패키지(청년창업사관학교)

구분	내용
사업명	창업성공패키지(청년창업사관학교)
홈페이지	https://start.kosmes.or.kr

지원대상	1,000팀 모집 **만 39세 이하이면서 창업 후 3년 미만 기업의 대표** 단, 예비창업자의 경우 서류평가 합격 후 PT 발표 전까지 사업자 등록 완료해야 함. 기술경력자 대표는 만 49세 이하까지도 신청 가능(예비창업자 가능). **– 예비창업패키지 수행 완료한 기업도 다시 신청 가능** **– 청년창업사관학교 졸업기업 및 예정기업도 다시 신청 가능(최대 2회)**
운영시기	2019년 기준, 1회(2월)(경우에 따라 하반기에 가을학기 모집도 가능)
지원내용	창업지원금 최대 1억원 지원(총 사업비의 최대 70%) + 사업화 필요 창업 공간 단, 총사업비의 70%까지만 지원으로 사업비의 30%는 창업자가 부담해야 함.
참여목적	초기 개발 및 창업자금 최대 1억원 확보

[창업성공패키지(청년창업사관학교) 사업 개요]

▶ 예비창업패키지 졸업 후 매출 없이 추가 개발이 필요한 경우 두 번째 창업지원사업

청년창업사관학교는 기술 경력이 있는 창업자를 지원하는 사업으로 예비창업패키지 1차 공고가 나올 때와 비슷한 시기에 모집공고가 나온다. 연간 1회(단, 가을학기로 충원하는 경우도 있음)만 모집한다. 중소벤처기업진흥공단에서 추진하는 사업으로 예비창업패키지와 몇 가지 다른 점이 있으니 유의해야 한다.

먼저, 예비창업패키지 사업을 수행 완료한 기업이 다시 청년창업사관학교에 입교할 수 있다. 예비창업패키지 수행 완료 후, 개발이 추가로 필요한 상황에서 매출이 거의 없다면 청년창업사관학교에 지원해야 한다. 청년창업사관학교 졸업기업과 졸업예정기업도 추가

과정으로 다시 청년창업사관학교에 2차 신청할 수 있다. 두 번째로
는 예비창업패키지는 자기부담금이 없지만, 청년창업사관학교는 사
업비의 30%를 자기부담금으로 매칭해서 투자해야 한다. 따라서 총
사업비가 1억 4,500만원이라면 정부지원금이 최대 1억원(70% 미
만)이고 자기부담금은 4,500만원(30% 이상 현금 1,500만원과 현물
3,000만원[12])이 된다. 세 번째로 창업자의 인건비도 현물로 계상할
수 있다. 예비창업패키지의 경우 창업자의 인건비는 사업비에 포함
되지 않는다. 하지만 청년창업사관학교에서는 4,500만원의 자기부
담금 중에서 대표자 인건비로 3,000만원의 현물 부담이 가능하다.

---

12 자기부담금 중 현금과 현물: 현금은 말 그대로 현금이다. 청년창업사관학교의 경우 전체 사업비
(1억 4,500만원으로 가정)의 70%까지만 정부에서 지원하기 때문에 최대 1억원을 받으려면 창업자
는 최소 약 4,500만원을 투자해야 한다. 정부가 사업비 지급하는 방식은 창업자가 사업비 통장을 만
들고 자기부담금 4,500만원을 먼저 사업비 통장에 입금하고 확인서류를 전담기관에 제출하면 전담
기관에서 사업비 1억원을 입금하는 식으로 진행된다. 그런데 전담기관에서는 창업자가 큰돈을 현금
으로 가지고 있지 않기 때문에 자기부담금 중 33%(1,500만원)만 현금으로 통장에 입금하고 나머지
67%(3,000만원)은 사업기간 동안(총 9개월) 다른 자금으로 집행하고 영수증을 제출하는 것으로 자
기부담금 납부를 인정해 준다. 이렇게 초기에 현금으로 자기부담금을 지급하지 않고 사업기간 중 다른
자금으로 집행한 금액을 '현물'이라고 한다. 보통 정부지원사업에서 '현물'은 대표자나 연구원의 인
건비나 기업이 보유하고 있는 장비 등으로 대체하는 경우가 많다.

▶ 창업성공패키지 청년창업사관학교 주요 공고 내용

2019년 창업성공패키지 사업화지원 청년창업사관학교 청년창업자 모집 공고

기관명	중소기업진흥공단	기관구분	공공기관
담당부서	창업지원처	연락처	055-751-9837
접수기간	2019-02-08 ~ 2019-02-20 20:00	지원분야	사업화
지역	전국	업력	예비창업자, 1년미만, 2년미만, 3년미만
대상	대학생, 일반인, 일반기업, 1인 창조기업	대상연령	만 20세 미만, 만 20세 이상 ~ 만 39세 이하

중소벤처기업부 공고 제2019-65호

2019년 창업성공패키지 사업화지원 청년창업사관학교 청년창업자 모집 공고

"2019년 **청년창업사관학교**" 지원 대상자를 다음과 같이 모집하오니, 성공 창업을 꿈꾸는 청년창업자들의 많은 참여 바랍니다.

2019년 2월 8일
중소벤처기업부장관
중소기업진흥공단이사장

▷ 신청방법 및 대상

- **신청기간** - 2019.02.08 (금) ~ 2019.02.20 (수) 20:00 까지
- **신청방법** - 온라인 접수 : (**바로가기**)
- **신청대상** - 만 39세 이하인 자로서, 창업 후 3년 미만 기업의 대표자
- 신청 시 요청하는 정보(개인정보포함)는 **중소기업진흥공단에서 관리되오니** 이점 유의하여 주시기 바랍니다.

[K스타트업 청년창업사관학교 공고 예시]

- 모집분야: 전 기술 분야, 4차산업, 인공지능 등 기술개발 분야
- 신청자격: 만 39세 이하 창업 후 3년 미만 창업기업 대표자 및 예비창업자

  만 49세 이하 기술 경력자 대표자 가능
- **추가과정 모집: 청년창업사관학교 졸업기업(3전 기수까지) 졸업예정기업은 추가과정 신청 가능(단, 졸업기업과 현재기업의 대표자가 동일한 경우, 지분율 포함)**
- 주요 신청제외 대상

  ① 중소벤처기업부에서 시행하는 창업사업화 지원사업에 선정되어

협약 후 중도탈락 · 포기 또는 사업을 수행 중이거나 수행 완료
한 자(기업): 초기창업패키지 선정대표는 제외됨

② 금융기관 등으로부터 채무불이행으로 규제 중인 자

③ 국세 또는 지방세 체납으로 규제 중인 자

④ 타 중앙부처 창업사업화 지원사업을 수행 중인 자 (중앙부처가
아닌 지방자체단체의 창업지원사업은 상관없음)

- **사업화자금: 최대 1억원(총 사업비의 70%), 자기부담금 30%(현금
10% 이상, 현물 20% 이하)**

- 사업화자금 이용 유의사항

① **대표자의 인건비는 현물에 한하여 쓸 수 있음(가족이나 친척에
지급되는 자금 모두 불가).**

② 모든 자금집행은 승인 후 집행 가능하며 증빙자료와 영수증이
필수

③ 자금집행 방법 안내 책자를 제공하며 그 기준에 따라 집행하면 됨

④ 자금집행 방법 안내 책자에 설명이 부족해 자금 집행 가능 여부
가 애매한 것은 모두 불가함.

- 참여자 유의사항

① 예비창업패키지 수행완료 기업도 신청 가능.

② 창업공간에 (준)입소해야 하고 필수교육을 이수해야 함.

③ **중앙부처에서 창업사업화지원사업으로 1,000만원을 초과하는
지원금을 받은 경우, 1,000만원 초과액은 정부지원금에서 1회로
한정하여 차감함(지자체 수행사업의 경우 해당 없음).**

3. 재도전 성공패키지

구분	내용
사업명	재도전 성공패키지
홈페이지	www.K-Startup.go.kr
지원대상	사업 실패(폐업) 후 예비 재창업자 및 재창업 3년 이내 기업의 대표자 채무조정이 필요한 (예비)재창업자도 사업 신청 가능 일반 290명 모집, 투자연계형 5명 모집
운영시기	재도전 성공패키지 일반, 2019년 기준, 2회(2월, 6월) 재도전 성공패키지 투자연계형, 2019년 기준, 1회(7월)
지원내용	사업화 지원(1차 연도) 최대 6,000만원 지원 - 사업비전체의 75%까지 정부지원, 25%는 자기부담금(현금 5%, 현물 20%) 후속 · 연계지원(2차 연도) 2,000만원 내외 지원
참여목적	재창업지원금 6,000만원 확보

[재도전 성공패키지 사업 개요]

▶ 재창업 또는 재창업 예정인 경우 무조건 도전해야

　재창업자를 지원하는 사업이 재도전 성공패키지다. 나이 제한도 없고, 특별히 기술 분야 제한도 없다. 1차 연도에 최대 6,000만원 지원하고 최종평가를 통해서 2차 연도에 약 2,000만원의 후속 지원을 한다. 재창업 교육 50시간을 이수해야 한다. 주관기관을 통해서 입주공간을 지원하기도 한다.

▶ 재도전 성공패키지 주요 공고 내용

2019년 「재도전 성공패키지」 (예비)재창업자 모집 공고(1차)

기관명	창업진흥원	기관구분	공공기관
담당부서	창업문화재도전부	연락처	042-480-4435
접수기간	2019-02-18 ~ 2019-03-18 18:00	지원분야	사업화
지역	전국	업력	예비창업자, 1년미만, 2년미만, 3년미만
대상	전체	대상연령	전체

중소벤처기업부 공고 제2019 - 76호

2019년 「재도전 성공패키지」 (예비)재창업자 모집 공고(1차)

성실한 실패경험과 유망한 창업아이템을 보유한 (예비)재창업자의 성공적인 재창업을 지원하기 위해, 「2019년 재도전 성공패키지」에 참여할 (예비)재창업자 모집 계획을 다음과 같이 공고합니다.

2019년 2월 18일
중소벤처기업부장관

▷ 신청방법 및 대상

● 신청기간   - 2019.02.18 (월) ~ 2019.03.18 (월) 18:00 까지

● 신청방법   - 온라인 접수 : (바로가기)

● 신청대상   - 사업실패(폐업) 후 창업아이템 및 사업계획을 보유한 예비 재창업자 또는 재창업 3년 이내인 기업의 대표자
          ※ 채무조정이 필요한 (예비)재창업자도 사업 신청 가능(단, 최종 선정 전(前)까지 채무조정이 완료되지 않는 경우 지원대상 제외)
          ※ 1개 주관기관을 선택하여 신청하며, 주관기관별 세부 내용은 [별첨] 참조

● 신청 시 요청하는 정보(개인정보포함)는 창업진흥원, 신용회복위원회에서 관리되오니 이점 유의하여 주시기 바랍니다.

[K스타트업 재도전 성공패키지 공고 예시]

- 모집분야: 전 기술 분야

- **신청자격: 사업 실패(폐업) 후 창업아이템 및 사업계획을 보유한 예비 재창업자 또는 재창업 3년 이내인 기업의 대표자, 협약 종료 일 1개월 이전까지 재창업 가능한 자, 재창업자가 다수의 사업자 를 소지한 경우 최초 등록한 사업자의 사업개시일 기준**

- 주요 신청제외 대상

① 중앙정부 및 공공기관 등의 창업사업화 지원사업에 선정되어 수 행 중인 자, 협약 후 중도탈락·포기자 또는 기업, 타 사업 수행

잔여기간이 3개월 미만인 자 제외

② 금융기관 등으로부터 채무불이행으로 규제 중인 자

③ 국세 또는 지방세 체납으로 규제 중인 자

④ 중앙정부 및 공공기관의 재도전 창업사업화 지원사업 기선정자 또는 기업

- **사업화자금: 최대 6,000만원(총 사업비의 75%), 자기부담금 25%(현금 5% 이상, 현물 20% 이하)**

- 사업화자금 이용 유의사항

① **대표자의 인건비는 쓸 수 없음.**

② 모든 자금집행은 승인 후 집행 가능하면 증빙자료와 영수증이 필수.

③ 자금집행 방법 안내 책자를 제공하며 그 기준에 따라 집행하면 됨.

④ 자금집행 방법 안내 책자에 설명이 부족해 자금집행 가능 여부가 애매한 것은 모두 불가함.

4. 초기창업패키지

구분	내용
사업명	초기창업패키지
홈페이지	www.K-Startup.go.kr
지원대상	예비창업자 또는 3년 이내 창업기업 대표, 약 1,350명
운영시기	2019년 기준, 2회(4월, 8월) 추경 포함, 매년 변동

지원내용	창업지원금 최대 1억원 지원(총 사업비의 최대 70%) + 사업화 필요 창업 공간 단, 총사업비의 70%까지만 지원으로 사업비의 30%는 창업자가 부담해야 한다.
참여목적	창업 후 창업자금 최대 1억원 확보

[초기창업패키지 사업 개요]

▶ 경쟁률이 가장 높은 창업지원사업, 예비창업자도 지원 가능하지
만 합격률은 낮아

초기창업패키지는 유망 창업아이템 및 고급기술을 보유한 (예비)
창업자를 대상으로 초기 창업 전 단계를 집중 지원하는 사업으로 예
비창업자도 신청할 수 있지만 합격 확률은 낮다. 주로 창업기업이 합
격한다. 신청자의 나이 제한도 없는 데다가 3년 미만의 창업기업이
얼마나 많겠는가?

1차에 850명, 2차에 500명을 선발하여 많이 선발하지만 실제로는
전국에 50개가 넘는 초기창업패키지 주관기관[13]별로 10~20개 기업
만 선발하기 때문에 경쟁률이 매우 높다. 수도권 지역에 있는 주관기
관의 경우 약 20:1~30:1 수준의 경쟁률을 나타냈다. 경쟁률이 높은
창업지원사업에 합격하기 위해서는 거의 모든 면에서 뛰어난 역량을
보여야 한다. 선정평가 시 배점도 높고 가장 객관적인 지표인 '매출
과 고용'에서 예비창업자는 기창업자보다 높은 점수를 받을 수 없다.

13 　초기창업패키지 주관기관은 창업진흥원으로부터 사업 전반을 위임받아 창업자를 선발하고, 자금
을 지원하고 성과관리까지 전담하는 기관으로 주로 창업지원단이나 산학협력단을 보유한 대학교, 지
역별 창조경제혁신센터, 지역 창업 관련 기관, 기술연구원 등이 참여하고 있으며 전국적으로 50개가
넘는다. 사업에 관심이 있는 창업자들은 창업자가 속한 지역의 주관기관을 찾아본다.

주관기관도 창업진흥원에서 사업자금을 받아 집행하고 사업결과를 보고해야 하는데 단기간(초기창업패키지의 경우 7~8개월)에 우수한 결과를 내기 위해서는 창업기업의 매출과 고용을 무시할 수 없을 것이다. 따라서 1년 미만의 초기 창업기업은 초기창업패키지에는 큰 기대를 갖지 말고 신청해야 한다.

▶ 초기창업패키지 주요 공고 내용

2019년 초기창업패키지 (예비)창업자 모집 공고

사업안내 바로가기

기관명	창업진흥원	기관구분	공공기관
담당부서	초기창업부	연락처	1357
접수기간	2019-05-01 ~ 2019-05-15 18:00	지원분야	사업화
지역	전국	업력	예비창업자, 3년미만
대상	대학생, 일반인, 일반기업, 1인 창조기업	대상연령	전체

중소벤처기업부 공고 제2019 - 202호

2019년 초기창업패키지 (예비)창업자 모집 공고

유망 창업아이템 및 고급기술을 보유한 (예비)창업자를 발굴하여 성공적인 창업 활동을 지원하기 위한 『2019년 **초기창업패키지**』에 참여할 (예비)창업자 모집을 다음과 같이 공고합니다.

2019년 4월 24일
중소벤처기업부 장관

▷ **신청방법 및 대상**

◉ **신청기간** - 2019.05.01 (수) ~ 2019.05.15 (수) 18:00 까지

◉ **신청방법** - 온라인 접수 : (바로가기)
  * 온라인 접수를 위해서는 로그인 필수

◉ **신청대상** - 예비창업자(팀) 또는 업력 3년 이내('16.4.23.~'19.4.24.) 창업기업의 대표자
  * 신청자격 및 제외대상 요건은 공고문을 통해 확인

◉ 본 사업 신청 시 창업기업은 '개인실명등록' 후 K스타트업 마이페이지를 통해 '기관정보'를 입력하시면 됩니다.(예비창업자(팀)의 경우 기관정보 미입력)
  * SCI평가정보를 통한 기업실명등록은 필수사항이 아닙니다.

◉ 신청 시 요청하는 정보(개인정보포함)는 **창업진흥원**에서 **관리**되오니 이점 유의하여 주시기 바랍니다.

[K스타트업 초기창업패키지 공고 예시]

- 모집분야: 전 기술 분야
- 신청자격: 나이 제한 없음, 예비창업자, 3년 미만 창업기업 대표자
- **주관기관 선택 지원: 전국 50여 개 주관기관별로 모집 · 선정, 거주지 관계없이 1개 주관기관 선택 신청**
- 주요 신청제외 대상
  ① 중앙정부 및 공공기관 등의 창업사업화 지원사업에 선정되어 수행 중인 자, 협약 후 중도탈락 · 포기자 또는 기업, 타 사업 수행 잔여기간이 3개월 미만인 자 제외
  ② 금융기관 등으로부터 채무불이행으로 규제 중인 자
  ③ 국세 또는 지방세 체납으로 규제 중인 자
  ④ 중앙정부 및 공공기관의 재도전 창업사업화 지원사업 기선정자 또는 기업
- 사업화자금: 최대 1억원(총 사업비의 70%), 자기부담금 30%(현금 10% 이상, 현물 20% 이하)
- 사업화자금 이용 유의사항
  ① 대표자의 인건비는 쓸 수 없음.
  ② 모든 자금집행은 승인 후 집행 가능하며 증빙자료와 영수증이 필수.
  ③ 자금집행 방법 안내 책자를 제공하며 그 기준에 따라 집행하면 됨.
  ④ 자금집행 방법 안내 책자에 설명이 부족해 자금 집행 가능 여부가 애매한 것은 모두 불가함.

5. 지역혁신생태계 구축 지원(창조경제혁신센터)

광역지자체에 소속된 19개 창조경제혁신센터(https://ccei. creativekorea.or.kr)가 있다. 중앙정부와 지자체, 지역기업을 연계하여 창업기업과 중소기업을 지원하는 역할을 한다. 주로 지역 창업 활성화, 예비창업자 및 창업기업 역량 강화를 위한 지원과 지자체 관련 기관과 창업 프로그램을 연계하여 운영한다. 이를 위해 온·오프라인 상담, 멘토링, 컨설팅, 보육, 입주, 시설, 사업화, 판로, 투자유치 및 글로벌 진출까지 지원한다.

지역 창조경제혁신센터는 앞서 설명한 예비창업패키지, 재도전 창업패키지, 초기창업패키지 사업의 주관기관으로 직접 참여하고 있다. 중앙정부의 창업지원사업뿐만 아니라 지자체와 연계하여 지역별로 창업지원사업을 추진하고 지역기업과도 연계한 창업지원사업을 진행하고 있다. 따라서 예비창업자와 초기창업자는 반드시 지역창조경제혁신센터에 회원가입을 하고 창업지원정보를 수시로 확인해야 한다. **적어도 한 번은 창업자가 속한 지역창조경제혁신센터에 방문하여 새로운 창업지원정보를 확인해 보고 꼭 필요한 창업 멘토링도 받아 보길 권한다.**

[지역 창조경제혁신센터(경기) 홈페이지 메뉴 구성]

전국 19개 창조경제혁신센터는 서울, 경기, 인천, 강원, 세종, 충북, 충남, 대전, 경북, 경남, 대구, 부산, 울산, 포항, 전북, 전남, 광주, 빛가람, 제주창조경제혁신센터다. 모두 동일한 형식으로 구성된 홈페이지가 있고 이용 방법도 편리하다. 지역창조경제혁신센터는 K스타트업 홈페이지 다음으로 많이 방문해 봐야 할 사이트이다.

6. 도전! K-스타트업

구분	내용
사업명	도전! K-스타트업, 창업공모전
홈페이지	www.K-Startup.go.kr
지원대상	예비창업자(예비창업리그), 10명(팀) 창업 7년 이내 기업(창업리그), 10명(팀) 타 창업지원사업과 관계없이 중북 지원 가능
운영시기	2019년 기준, 1회(5월~11월)

지원내용	① 예비창업리그: 상금 최대 1억원(국무총리상), 5,000만원, 2,000만원 ② 창업리그: 상금 최대 3억원(대통령상), 1억원, 5,000만원 ③ 기타 특전: 예비창업패키지, 초기창업패키지, 창업도약패키지 서류평가 면제, 1인 창조기업지원센터 서류평가 면제, 실전창업교육 교육 면제, 기술보증서 발급, 창업성장기술개발사업(디딤돌창업과제) 서류평가 면제 등
참여목적	창업 상금 획득, 각종 연계지원 사업 혜택

[도전! K-스타트업 공모전 사업 개요]

도전! K-스타트업은 교육부, 과학기술정보통신부, 국방부, 중소벤처기업부 4개 부처가 공동으로 주최하는 전국 최대 규모의 통합 창업공모전으로, 유망한 창업아이템을 보유한 (예비)창업자를 대상으로 경연을 통해 창업 능력을 배양하고 우수 아이템에 대한 포상 및 사업화를 지원한다. 예비창업자는 예비창업리그, 창업자는 창업리그로 나눠 진행하고 예비창업자 대상은 상금 1억원, 창업자 대상은 상금 3억원을 지급한다. 1차로 부처별 리그 예선을 거쳐 약 150개 팀을 선발해 창업리그·예비창업리그 본선에서 각각 10개 팀을 선발한다. 이후 왕중왕전으로 각 리그별 10개 팀 순위 결정전을 진행하여 상금을 지급한다.

예비창업자는 부처별 예선에 통과해도 상금(200만~500만원)을 지급한다. 공모전 지원양식이 예비창업패키지 양식과 유사하기 때문에 예비창업패키지를 준비한다면 예비창업리그에 도전해야 한다. 단, 창업리그는 7년 이하의 중소기업도 지원할 수 있기 때문에 입상 자체가 매우 어렵다.

7. 정부R&D지원사업의 꽃: 창업성장기술개발사업 디딤돌 창업과제

구분	내용
사업명	창업성장기술개발사업 디딤돌창업과제
홈페이지	www.smtech.go.kr
지원대상	창업 7년 이하인 기업
운영시기	2019년 기준 4회(2월, 3월, 6월, 8월), 매년 변동
지원내용	R&D지원 자금 약 1.5억원(총사업비의 80%까지 지원, 매년 변동)
참여목적	새로운 기술개발에 투자되는 자금 확보

[창업성장기술개발사업 디딤돌창업과제 사업 개요]

▶ **가장 많은 예산으로 가장 많은 기업의 R&D를 지원하는 창업성장 기술개발사업**

창업성장기술개발사업은 성장 잠재력을 보유한 창업기업의 기술 개발 지원을 통해 기술창업 활성화 및 창업기업의 성장 촉진을 목적 으로 하는 사업이다. 중소벤처기업부 R&D지원사업 중 가장 많은 예 산이 투입되고 가장 많은 기업에게 지원 혜택을 주고 있는 사업이다. 2019년을 기준으로 그 상세 내역을 보면 아래와 같다.

- **지원규모: 3,598억원**
- 창업기업과제(2,363억원): 일반 및 혁신형 창업기업의 기술개발 지원
  ① 디딤돌 창업과제(1,068억원): 일반 창업기업 및 여성기업 등의

창업 저변 확대形 단기 기술개발 지원(1년에 약 850개 과제를 지원)

② 혁신형 창업과제(1,006억원): 고기술 · 유망기술 등 4차 산업혁명 분야 창업기업의 기술개발 지원

③ 선도형 창업과제(289억원): 혁신성장 선도 분야 중 창업기업의 성과창출 및 창업 진출이 유리한 틈새 분야를 발굴하여 지원

- 기술창업투자연계과제(1,235억원): 액셀러레이터 등 TIPS 운영사 (기관)가 발굴 · 투자한 기술창업팀에게 보육 · 멘토링과 함께 기술개발 지원

- 지원조건: 최대 2년, 5억원 이내(출연금 비율 80% 이내)

세부사업명	내역사업명		지원 규모	개발 기간	지원 한도	출연금 비중	사업 공고	신청 접수	평가 선정
창업성장 기술개발	창업기업 과제	디딤돌	2,363	1년	1.5	80%	1, 2, 5, 7월	1, 3, 7, 8월	2~10월
		혁신형		2년	4	80%	2, 6월	3, 7월	4~8월
		선도형		1년	3	80%	3, 7월	4, 8월	4~10월
	기술창업투자연계 (TIPS)과제		1,235	2년	5	80%	1월	2~10월	3~11월
제품서비스기술개발			117	1년	2	65%	2월	3월	5~6월
공정 · 품질 기술개발	제품 · 공정개선 기술개발		323	1년	0.5	75%	1월	2, 4, 7월	3~9월
	뿌리기업공정기술개발		105	1년	1	75%	1월	2, 7월	3~9월
현장수요형 스마트공장 R&D	클라우드 기반 데이터 플랫폼 개발		13.5	2년	6	65%	1월	2월	3~5월
	K-앱시스드 기술개발		22.5						

지역기업 혁신성장 지원		291	1년	2	70%	1월	2월	3월
국가융복합단지 연계 지역기업 상용화 R&D		120	2년	2	70%	1월	2월	3월
재도전 기술 개발	재도전 기술개발	35	1년	1.5	80%	1월	2월	3~5월
	사업전환 기술개발	8	1년	1.5	75%	1월	4월	5~6월

[중소벤처기업부 주요 R&D지원사업]

▶ 초기 창업기업에 적합한 창업성장기술개발사업 디딤돌창업과제

창업성장기술개발사업 중에서도 디딤돌창업과제가 초기 창업기업이 신청하기에 가장 적합한 사업이다. 창업 7년 미만의 중소기업이면 사업 신청이 가능하고 제약 조건이 적다. 또 1년에 최소 4회 이상 모집하여 신청 시기를 선택할 수 있다. 단, 1년에 2회까지만 신청이 가능하다. 1년에 1,000억원이 넘는 예산으로 약 850개 이상의 과제를 지원한다. 여성기업과 소셜벤처기업은 별도로 경쟁할 수 있도록 지원 분야를 구분해 놓기도 한다.

예비창업패키지를 통해 사업화 지원을 받으면서 디딤돌창업과제도 수행할 수 있다. **넓게 보면 창업지원사업에 속하지만 디딤돌창업과제는 R&D지원사업이다. 따라서 예비창업패키지를 통해 개발한 내용을 고도화하거나 세분화하여 추가 개발할 수 있다면 디딤돌창업과제에 신청해야 한다.** R&D지원사업의 경우 창업지원사업과 달리 지원 자금의 대부분을 인건비로 지출할 수도 있고, 대표자가 과제책임자이거나 연구원으로 참여한다면 인건비를 지원받을 수도 있다.

▶ 창업성장기술개발사업 디딤돌 창업과제 주요 공고 내용

[Smtech 창업성장기술개발사업 디딤돌창업과제 공고 예시]

- 모집분야: 전 기술 분야
- 신청자격: 창업 7년 미만의 기업(예비창업자는 안됨)
- 정부출연금은 1년간 총사업비의 80%까지 최대 1.5억원 지원, 자기부담금 20%(현금 10%, 현물 10%), 단, 지원금액과 비율은 매년 변동됨.
- 기술료 납부: 개발 성공 후 5년간 정부지원금의 최대 20%까지 매출기반 경상기술료 납부의무(단, 3년 미만의 창업기업은 면제 대상, 자세한 내용은 공고문 확인 필요)
- **대표자 인건비 지출 가능: 정부R&D지원금 중 대표자가 과제책임**

자나 연구원으로 참여하는 경우 인건비 지급 가능

- 부채비율이 1,000% 이상인 경우와 최근결산 기준 자본전액 잠식인 경우 참여 제외

▶ 창업성장기술개발사업 사업계획서 작성의 지침서, 『초보창업자도 100% 성공하는 정부지원사업 합격 사업계획서 쓰는 법』

『초보창업자도 100% 성공하는 정부지원사업 합격 사업계획서 쓰는 법』은 내가 16년간 16번 정부 R&D지원사업에 합격한 경험을 기반으로 정부R&D지원사업 컨설팅을 하면서 합격시킨 사업계획서를 분석하여 합격하는 사업계획서 쓰는 법을 설명한 책이다. **현재 창업·사업계획서 분야에서**  **꾸준히 베스트셀러로 판매되고 있으며, 지금도 많은 예비창업자와 초기창업자가 이 책을 통해 사업계획서를 작성하여 창업지원사업 및 정부R&D지원사업에 합격하고 있다.** 이 책은 창업성장기술개발사업 등 정부R&D지원사업에 표준이 될 수 있는 사업계획서를 기반으로 합격할 수 있는 디테일을 제시하고 있다. 향후 창업성장기술개발사업 등에 도전할 때 반드시 참고하길 바란다.

기타. 아이디어사업화 온라인 멘토링 플랫폼(아디이어마루)

구분	내용
사업명	아이디어마루
홈페이지	www.ideamaru.or.kr
지원대상	아이디어가 있는 예비창업자, 기창업자 모두
운영시기	연중 상시(2020년 3월 이후 K스타트업 홈페이지로 통합)
지원내용	온라인 멘토링, 창업관련 공모전 정보제공, 우수 아이디어 선정 및 오프라인 멘토링
참여목적	창업 아이디어의 공개적 1차 검증, 창업공모전 정보 획득

[아이디어마루 사업 개요]

아이디어마루는 창업자의 아이디어를 1차로 검증할 수 있는 곳이다. 회원가입 후 아이디어를 등록하고 온라인 멘토링을 신청하면 여러 분야의 전문가가 댓글 형태로 아이디어에 대한 의견을 제시해 준다. 이후 전문가와 30일간 의견을 교환할 수 있고, 의견 교환이 끝나면 온라인 멘토링을 종료할 수 있다. 창업자가 멘토링 종료를 해야 한다. **온라인 멘토링이 종료된 아이디어 중에 평가위원회 평가를 통해 선정된 아이디어는 추후 1개월간 오프라인 멘토링을 3회 받을 수 있다(온라인 멘토링 완료 → 평가위원회 선정 → 오프라인 멘토링 진행).** 다만 오프라인 멘토링을 3회 받는다고 해서 원하는 모든 것이 해결되지는 않는다. 멘토는 아이디어의 방향성을 제시할 수는 있어도 문제를 직접 해결하지는 못한다. 예를 들면 "투자 유치를 해 주세요", "판매처 담당자 만나게 해 주세요"와 같은 것은 멘토가 도와주기는 어렵다. 오프라인 멘토링으로 전문 멘토를 만나 1~2시간만 미팅을 할 수 있으니 꼭 필요한 부분만 알아보면 된다. 투자유치, 판매루트 확보, 개발인력 소개 등 이런 것은 요구해 봐야 해결되지 않는다. 오프라인 멘토링을 통해서 확인해야 할 것은 아이디어의 재검증이다. 아이디어가 사업화 가능성이 있는지 다시 한번 확인하는 것이 1차 목적이다. 아이디어가 사업화 가능성이 있다고 조언을 받으면 창업지원, R&D지원, 홍보지원, 입주지원 등의 정부지원을 받을 수 있는 방법에 대해서 알아보는 것이 2차 목적일 것이다.

다음은 멘토링 플랫폼(아이디어마루)에 대하여 창업진흥원에서 배포하는 자료의 내용이다. 아이디어마루 이용 시 참고하기 바란다. 단, 아이디어마루는 2020년 3월 이후 K스타트업 홈페이지로 통합된다.

1. 사업개요

사업목적	분야별 전문가를 활용하여 온·오프라인 멘토링을 통해 아이디어 사업화 및 창업수행 과정의 애로사항 등을 지원
지원대상	① 창의적인 아이디어를 보유하고 있는 (예비)창업자 ② 창업경영과 관련하여 전문가 멘토링이 필요한 (예비)창업자
지원시기	연중 상시 운영 (아이디어마루 온라인 플랫폼 : www.ideamaru.or.kr)
멘토링 방식	온라인 - 텍스트(댓글), 영상('20년 1월 도입) 방식 / 오프라인 - 대면 방식
지원내용	① 온라인 멘토링 : 멘토링 방식을 사용자가 선택하여 30일간 멘토링 진행 (멘토 5천명 보유) ② 오프라인 멘토링 : 온라인 멘토링 종료 후 평가를 통해 오프라인 멘토링 지원 (최대 3회) ③ 사업연계 : 지재권 출원(서류작성 및 비용지원), 보증지원(최대 3억원), 시제품 제작비(1천만원 지원) ④ 교육 프로그램 : 비즈니스모델 구체화를 위한 부트캠프 운영 (교육 및 실습, 전문가 코칭)

1

2. 온라인 멘토링

온라인 멘토링 프로세스

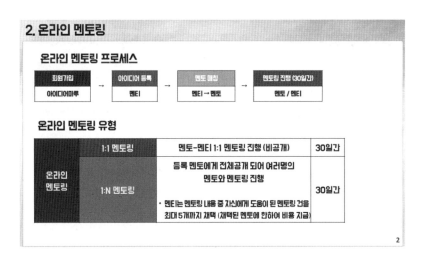

회원가입	→	아이디어 등록	→	멘토 매칭	→	멘토링 진행 (30일간)
아이디어마루		멘티		멘티 → 멘토		멘토 / 멘티

온라인 멘토링 유형

온라인 멘토링	1:1 멘토링	멘토-멘티 1:1 멘토링 진행 (비공개)	30일간
	1:N 멘토링	등록 멘토에게 전체공개 되어 여러명의 멘토와 멘토링 진행	30일간
		• 멘티는 멘토링 내용 중 자신에게 도움이 된 멘토링 건을 최대 5개까지 채택 (채택된 멘토에 한하여 비용 지급)	

2

3. 오프라인 멘토링

오프라인 멘토링 프로세스

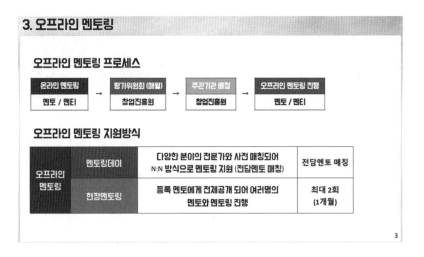

온라인 멘토링	→	평가위원회 (매월)	→	주관기관 배청	→	오프라인 멘토링 진행
멘토 / 멘티		창업진흥원		창업진흥원		멘토 / 멘티

오프라인 멘토링 지원방식

오프라인 멘토링	멘토링데이	다양한 분야의 전문가와 사전 매칭되어 N:N 방식으로 멘토링 지원 (전담멘토 매칭)	전담멘토 매칭
	현장멘토링	등록 멘토에게 전체공개 되어 여러명의 멘토와 멘토링 진행	최대 2회 (1개월)

3

4. 타사업 연계

유관기관 타사업 연계 지원

순번	구분	연계기관 명	지원내용
1	원본증명서비스	한국지식재산보호원	지식재산 원본에 대한 증명서비스 지원
2	지식재산권 출원		특허, 디자인, 상표 출원 준비 지원 (출원비 제외)
3		한국발명진흥회	특허, 디자인, 상표 출원 준비 지원 (출원비 포함)
4	보증지원	신용보증기금	최대 3억원 보증지원
5		기술보증기금	최대 5억원 보증지원
6	시제품 제작지원	실전창업교육(창진원)	교육과정 면제 및 시제품 제작비 최대 1천만원 지원

주관기관 역할

① 오프라인 멘토링 : 멘토링데이 운영 및 현장 멘토링 지원

② 창업지원사업 연계 : 주관기관에서 운영중인 창업지원사업과 연계하여 사업화 등 지원

③ 교육 및 네트워킹 행사 : 멘토-멘티 대상 교육 프로그램 및 네트워킹 행사 진행

4

출처: 창업진흥원 배포 자료

[멘토링 플랫폼(아이디어마루) 온라인 멘토링 안내]

총 780건

주최 한국지식재산보호원
기간 08.01 · 09.30
대상 누구나
혜택 소정의 시상금(500,000원)···

주최 창업진흥원
기간 09.04 · 09.24
대상 기타
혜택 참가비 전액 무료, 수료증···

주최 전라북도
기간 09.02 · 09.23
대상 누구나
혜택 전라북도지사상 및 상금

주최 과학기술정보통신부
기간 07.17 · 09.15
대상 누구나
혜택 과학기술정보통신부장관···

주최 울산광역시
기간 08.21 · 09.06
대상 누구나
혜택 한국투자파트너스와 미국···

주최 환경부
기간 07.31 · 09.06
대상 누구나
혜택 전문가 1:1 멘토링, 교육,···

주최 연구개발특구진흥재단
기간 08.26 · 09.03
대상 누구나
혜택 참여기업 당 1:1 코치 배치···

주최 넥슨컴퓨터박물관
기간 07.01 · 08.31
대상 누구나
혜택 총 1,300만원 상금

주최 성균관대학교영상학과 출···
기간 08.26 · 08.30
대상 누구나
혜택 고등학생들의 참고 신선한···

주최 경상북도 의성군
기간 06.03 · 08.16
대상 누구나
혜택 시상금 및 대상 수상자는···

[아이디어마루 창업공모전 공지사항]

아이디어마루에서는 창업지원사업 관련 공모전 정보를 모아 제공하는데, 이곳만큼 많은 창업공모전 정보를 제공하는 곳도 없다. **특히 창업공모전의 주최, 기간, 대상, 혜택 등 공모전 선택에 가장 중요한 정보만 한 번에 확인할 수 있어 편리하다.** 창업공모전은 창업자 아이디어의 가치를 객관적으로 증명할 수 있는 매우 좋은 기회다. 따라서 창업공모전은 중복이 아니라면 최대한 많이 신청해야 한다.

(4) 창업자 상황별 창업지원사업 신청 · 추진 방법

---o **핵심 요약** o---

- 창업자의 상황(창업 여부, 폐업 여부, 나이, 지역, 아이템 분야 등)에 맞는 창업지원사업은 반드시 있으니 그것을 찾아 준비한다.
- 중앙정부에서 지원하는 창업지원사업에 여러 번 합격할 수 있는 계획을 수립한다.
- 더 많은 창업지원사업 수혜 기회를 위해 신청자격을 미리 확인하고 준비한다.

창업자의 상황 · 조건별로 여러 번 창업지원금 받는 방법

창업자의 상황이 모두 다르기 때문에 앞서 설명한 창업지원사업을 모두 신청할 수 없다. 창업 여부, 폐업 여부, 나이, 지역, 아이템 분야 등의 조건에 따라 최적의 창업지원사업을 선택해서 신청해야 한다. 창업자의 상황은 크게 예비창업자, 재창업자, 기창업자 3가지로 나뉘고 예비창업자는 다시 청년 예비창업자, 중장년 예비창업자, 폐업 경험 있는 예비창업자 3가지 경우로 나눌 수 있다.

순번	창업자 상황 구분
1	창업경험 없는 만 39세 이하, 예비창업자(청년 예비창업자)
2	3년 미만 창업자
3	폐업 경험 후 예비창업자(폐업 경험 있는 예비창업자)
4	폐업 경험 후 3년 미만 재창업자
5	만 40세 이상, 예비창업자(중장년 예비창업자)

[창업자의 5가지 상황]

현재 예비창업자나 초기창업자라면 위 5가지 상황 중에 하나에는 속할 것이다. 각 상황별로 창업지원금을 받기 위한 계획이 달라야 한다. 그 이유는 창업지원금을 여러 번 받기 위해서다. 앞서 설명했듯이 창업지원사업은 창업 업력별로 구분되어 운영된다. 창업 업력별로 창업지원사업에 여러 번 합격할 수 있다. 그래서 창업자의 업력과 상황에 따른 최적의 창업지원사업을 추천하고자 한다.

1. 청년 예비창업자(만 39세 이하)

청년 예비창업자는 창업경험이 없는 만 39세 이하를 말한다. 청년 예비창업자는 업종에 관계없이 한 번도 사업자 등록을 낸 적이 없어야 한다. 또 개인사업자의 대표로 등록된 적도 없고 법인기업의 대표이사로 창업한 경험이 없어야 한다. 만 39세 이하를 판단하는 기준은 만 39년+364일까지다. 만 39년+365일은 정확히 만 40세가 되는 것이다. 창업지원사업을 신청할 때 만 39세 이하 판단 기준일은 해당 사업의 공고일이 되니 사업 신청 시 확인이 필요하다.

창업지원사업의 핵심이 청년 예비창업자를 지원하는 것이다. 그에 맞게 청년 예비창업자를 지원하는 창업지원사업이 많으니 치밀하게 계획을 세워 여러 번 지원받을 수 있도록 해야 한다. **청년 예비창업자는 최대 1억원까지 지원하는 ① 예비창업패키지, ②청년창업사관학교, ③ 도전! K-스타트업, ④ 초기창업패키지 등 4가지 창업지원**

사업에 지원할 수 있는 자격이 된다. 따라서 이 중에서 하나의 창업 지원사업에 합격하는 것을 목표로 준비해야 한다. 2019년을 기준으로 창업지원사업을 신청하려면 아래와 같은 계획으로 창업지원사업에 신청해야 한다. 매년 비슷한 패턴으로 창업지원사업을 추진하기 때문에 참고하는 게 좋다.

시기	창업지원사업	비고
▣ 예비창업자인 경우		
2월	예비창업패키지 1차	2019년 기준으로 예비창업자인 경우 연간 총 7번의 창업지원사업의 기회가 있다.

만약 5월 이전에 예비창업패키지에 합격했다면 사업자 등록은 최대한 늦게 해야 한다. 예비창업자의 자격으로 도전! K-스타트업 예비창업리그도 신청하기 위해서 예비창업자 자격이 필요하다. |
2월	청년창업사관학교	
4월	예비창업패키지 2차	
5월	도전! K-스타트업 예비창업리그	
5월	초기창업패키지 1차	
6월	예비창업패키지 3차	
7월	예비창업패키지 4차	
▣ 5월 전 예비창업패키지에 합격한 경우		
5월	도전! K-스타트업 예비창업리그	사업자 등록 전 신청해야 한다.
이듬해 2월	청년창업사관학교	예비창업패키지 사업종료 후, 다음 달에 청년창업사관학교에 도전할 수 있다.
이듬해 2월	창업성장기술개발사업 디딤돌 창업과제	창업 후 7년 미만 지원 가능
이듬해 5월	초기창업패키지 1차	예비창업패키지 후속으로 지원할 수 있다.
▣ 청년창업사관학교에 합격한 경우		

5월	창업성장기술개발사업 디딤돌창업과제	청년창업사관학교 합격 후에는 예비창업패키지나 초기창업패키지에 신청 자격이 없다. R&D과제 및 청년창업사관학교 추가과정에 신청할 수 있다.
7월	창업성장기술개발사업 디딤돌창업과제	
이듬해 2월	청년창업사관학교 추가과정	
▣ 초기창업패키지에 합격한 경우		
7월	창업성장기술개발사업 디딤돌창업과제	초기창업패키지 합격한 경우, 창업성장기술개발사업에 R&D과제를 신청할 수 있다.

[청년 예비창업자가 창업지원사업을 신청하는 일반적인 순서]

일반적으로 청년 예비창업자라면 예비창업패키지에 합격하기 위해 사업계획서를 작성하고 신청한다. 그런데 한번 작성한 예비창업패키지 사업계획서를 청년창업사관학교, 도전! K-스타트업 예비창업리그, 초기창업패키지 창업지원사업에 신청할 때도 그대로 활용할 수 있다. 한번 작성한 사업계획서를 쉽게 재활용할 수 있는 것이다. 이 때문에 **자격이 된다면 합격하기 전까지는 모든 창업지원사업에 신청을 해야 한다.** 그리고 어떤 창업지원사업에 합격하는지에 따라 중복 없이 추가로 합격할 수 있는 그다음 창업지원사업을 선택하여 지원해야 한다.

▶ 1년 6개월간 창업지원사업을 모두 지원받는 경우 최대 4.5억원 가능

시기	신청사업	내용	지원금
2월	예비창업패키지 1차 신청		
5월		① 예비창업패키지 합격	최대 1억원
5월	도전! K-스타트업 예비창업리그 신청		
6월	개인사업자 등록(도전! K-스타트업 예비창업리그 신청 후 등록)		
11월		② 도전! K-스타트업 예비창업리그 합격	최대 1억원
1년+2월	예비창업패키지 사업종료		
1년+2월	청년창업사관학교 신청		
1년+2월	창업성장기술개발사업 디딤돌창업과제 신청		
1년+4월		③ 청년창업사관학교 합격	최대 1억원
1년+6월		④ 디딤돌창업과제 합격	평균 1.5억원
최대지원금			합계 4.5억원

[예비창업자의 1년 6개월간 이상적인 창업지원사업 참여 순서]

예비창업자의 경우 위 표와 같은 방법으로 창업지원사업에 신청해서 합격한다면 창업 후 1년 이내에 최대 4.5억원의 창업지원금을 받을 수도 있다.

① 먼저 예비창업패키지에 신청하여 창업지원금을 받는다.
② 사업자 등록을 하지 않은 상태에서 도전! K-스타트업 예비창

업리그에 신청한다. 신청한 이후에 사업자 등록을 한다. 그리고 연말 시상식에서 상금을 받는다.

③ 이듬해 2월에 예비창업패키지 완료 후 청년창업사관학교에 신청하고 합격한다.

④ 동시에 창업성장기술개발사업 디딤돌창업과제에 신청하고 합격한다.

이런 계획대로 진행된다면 1년 6개월간 최대 4.5억원을 지원받을 수도 있다. 물론 다른 창업지원사업도 많고 R&D지원사업도 많아 더 많은 지원도 가능하다. 실제 내가 창업할 때는 이보다 훨씬 많은 지원을 받았다. 창업할 것이라면 이 정도 계획은 세우고 도전하는 자세가 필요하다.

2. 3년 미만의 창업자

예비창업자와 기창업자는 창업지원사업에서 완전히 다른 영역이다. 예비창업자를 지원하는 사업은 많고 하고 경쟁률도 낮다. 하지만 3년 미만의 기창업자 대상 창업지원사업은 사업 건수도 적고 경쟁률도 매우 높다. 예비창업자가 사업자 등록을 하는 순간, 바로 그날부터 창업 3년 미만의 기창업자가 된다. 기창업자를 대상으로 하는 창업지원사업에서는 창업 1일 차 기업이나 창업 2년하고도 10개월 된 기업이나 동일한 경쟁기업으로 간주한다.

시기	창업지원사업	비고
▣ 창업 3년 미만의 창업기업		
2월	청년창업사관학교	만 39세 이하만 신청가능
2월	창업성장기술개발사업 디딤돌창업과제	7년 미만 중소기업과 경쟁한다.
5월	도전! K-스타트업 창업리그	7년 미만 중소기업과 경쟁한다. 창업리그는 초기기업에는 극히 어렵다.
5월	초기창업패키지	경쟁이 가장 심하다.
▣ 청년창업사관학교에 합격한 경우		
5월	창업성장기술개발사업 디딤돌과제	청년창업사관학교 합격한 경우 초기창업패키지는 선정될 수 없다.
7월	창업성장기술개발사업 디딤돌과제	
이듬해 2월	청년창업사관학교 추가과정	
▣ 초기창업패키지에 합격한 경우		
7월	창업성장기술개발사업 디딤돌과제	초기창업패키지 합격 후, 할 수 있는 사업은 R&D과제뿐이다.

[3년 미만의 창업자가 창업지원사업을 신청하는 일반적인 순서]

3년 미만의 창업기업은 우선 ① 청년창업사관학교나 ② 초기창업패키지에 도전해야 한다. 단, 이 두 가지 사업은 서로 상호배타적인 창업지원사업으로 중복으로 합격할 수 없다. 둘 중 하나만 합격할 수 있다. 3년 이내에 딱 한 번 선정될 수 있으니 자격이 되면 합격할 때까지 신청해야 한다.

사실 완전 초기창업기업이 두 가지 창업지원사업에 합격하는 것은 굉장히 어렵다. 앞서 설명했지만 기술력이 어느 정도 있다고 하면 그

나마 청년창업사관학교가 가능성이 있고, 매출이 많다면 초기창업패키지에 도전해 볼 만하다. 그런데 대부분의 완전 초기창업기업은 기술력도 별로로 매출은 아예 없다. 이런 상황도 극복할 방법이 있다. 결단이 필요하다.

▶ 쓸데없이 사업자등록증을 갖고 있는 상태의 해결 방법: 폐업

제대로 사업도 못 하면서 사업자등록증을 갖고 있다면 과감하게 폐업하는 것이 최선의 방법이다. 더욱이 창업지원사업에 합격하고 싶다면 폐업하는 수밖에 없다. 아니면 그냥 3년 미만의 창업자들과 계속 경쟁해야 한다. 지금 갖고 있는 사업자등록증으로 큰 수익이 발생하지 않는다면 빨리 폐업하고 예비 재창업자가 되는 것이 훨씬 낫다.

3. (예비)재창업자

폐업 경험이 있고 현재 창업하지 않은 상태라면 예비재창업자가 되고, 폐업 후 다시 창업했다면 재창업자가 된다. **중앙정부에서는 재창업자를 위해 재도전 성공패키지라는 사업을 운영한다. 다만 재창업자도 재창업 후 3년 미만의 경우에만 해당된다. 이 두 가지 경우에서도 창업지원사업에 합격하려면 예비재창업자가 재창업자보다 낫다.** (예비)재창업자나 3년 미만의 재창업자는 재도전 성공패키지가 자장 적합한 창업지원사업이다. 예비재창업자는 도전! K-스타트업 예비

창업리그에 도전할 수 있고, 만 40세가 넘으면 중장년 예비창업패키지에도 신청할 수 있다.

시기	창업지원사업	비고
▣ (예비)재창업자 및 창업 3년 이내 재창업자		
2월	재도전 성공패키지	
5월	도전! K-스타트업 예비창업리그	예비 창업리그로 신청한다. 단, 재창업자는 창업리그로 신청
6월	재도전 성공패키지	
▣ 재도전 성공패키지에 합격한 경우		
5월	창업성장기술개발사업 디딤돌과제	청년창업사관학교 합격한 경우 초기창업패키지는 선정될 수 없다.
7월	창업성장기술개발사업 디딤돌과제	

[(예비)재창업자와 재창업자가 창업지원사업을 신청하는 일반적인 순서]

중앙정부 차원에서는 재창업자를 위해서 재도전 성공패키지가 거의 유일한 창업지원사업이다. 그래서 재창업자는 지자체의 창업지원사업을 유심히 살펴봐야 한다.

4. 중장년 예비창업자(만 40세 이상)

만 40세 이상의 예비창업자도 다양한 창업지원사업에 신청할 수 있다. 또 폐업한 경험이 있는 40세 이상의 예비재창업자도 신청할 수 있다. 기존에 창업한 업종과 다른 업종으로 창업을 해야만 한다.

그런데 그것이 그렇게 어려운 것은 아니다.

시기	창업지원사업	비고
▣ 만 40세 이상 예비창업자, (예비)재창업자		
2월	청년창업사관학교	예비창업자가 고경력 기술자인 경우 만 49세 이하까지 신청할 수 있다.
5월	도전! K-스타트업 예비창업리그	예비창업리그로 신청할 수 있다.
5월	초기창업패키지	예비창업자의 경우 신청할 수 있다. 예비 재창업자는 신청 불가.
8월	중장년 예비창업패키지	2019년 추경예산으로 편성되었으며 2020년 이후 일정이 조정될 수 있다.
▣ 청년창업사관학교에 합격한 경우		
5월	창업성장기술개발사업 디딤돌과제	청년창업사관학교 합격한 경우 초기창업패키지는 선정될 수 없다.
7월	창업성장기술개발사업 디딤돌과제	
이듬해 2월	청년창업사관학교 추가과정	
▣ 초기창업패키지에 합격한 경우		
8월	창업성장기술개발사업 디딤돌과제	초기창업패키지 합격 후 할 수 있는 사업은 R&D과제뿐이다.
▣ 중장년 예비창업패키지에 합격한 경우		
8월	창업성장기술개발사업 디딤돌과제	
이듬해 2월	청년창업사관학교	중장년 예비창업패키지는 2019년 하반기에 최초로 진행된 사업으로 2020년 창업지원사업 추가 진행의 경우 청년창업사관학교와 초기창업패키지 지원 여부는 공고 내용에서 신청자격을 확인하고 신청해야 한다.
이듬해 5월	초기창업패키지	

[40세 이상 예비창업자가 창업지원사업을 신청하는 일반적인 순서]

예비창업패키지는 연간 약 2,000명 가까이 선발하지만, 중장년 예비창업패키지는 약 500명 선발한다. 나이 제한으로 선발 인원이 적다는 것을 제외하면 만 40세 이상의 예비창업자에게도 기회는 많다. 먼저 설명한 만 39세 이하 예비창업자의 창업지원사업 신청·추진 방법과 동일한 방법으로 진행하면 된다.

지금까지 창업자의 상황과 조건에 맞는 창업지원사업 신청·추진 방법을 설명했다. 창업자의 상황이 어떤 경우라도 창업할 때는 그 상황과 조건에 맞는 창업지원사업이 반드시 있다. **중요한 것은 예비창업자가 훨씬 기회가 많다는 것이고, 폐업한 경험이 있어도 다시 창업하고자 한다면 지원받을 수 있는 사업이 있다는 것이다.** 다만, 창업지원사업 간의 상충 문제로 먼저 받으면 유리한 사업들이 있으니 창업자의 상황을 스스로 판단하고 현 상황에 맞는 최적의 창업지원금을 받는 계획을 수립해야 한다.

위에서 설명한 핵심 내용을 다시 한번 요약하면 아래와 같다.

① 예비창업자는 예비창업패키지에 도전한다.
② 3년 미만 초기창업기업으로 기술력이 있으면 청년창업사관학교에 도전한다.
③ 3년 미만 초기창업기업으로 경쟁력이 없으면 폐업하고 예비재창업자가 된다. 그리고 재도전 성공패키지에 도전한다.
④ 만 40세 이상은 중장년 예비창업패키지에 도전한다.
⑤ 예비창업자는 도전! K-스타트업 예비창업리그에도 도전한다.

⑥ 창업지원사업은 한 번만 하는 게 아니라 업력에 따라 매번 신청
  하여 합격해야 한다.

창업자의 상황에 따라 창업지원금 받는 계획을 수립했다면 이제 창
업지원금을 받기만 하면 된다. 창업지원금을 받을 수 있는 유일한 길
은 사업계획서를 쓰고 창업지원사업에 신청하여 합격하는 것이다.
이제 가장 중요한 것은 사업계획서이다. 다음 장에서는 합격하는 창
업 사업계획서 쓰는 법과 실행에 대하여 설명하도록 하겠다.

제2장 창업 사업계획서 작성과 신청

(1) 표준 창업 사업계획서

┌─○ **핵심 요약** ○─────────────────────────────┐

- 표준이 되는 창업 사업계획서는 예비창업패키지 사업계획서이다.
- 예비창업패키지 사업계획서 하나로 청년창업사관학교, 도전! K-스타트업 예비창업리그, 초기창업패키지 등의 창업지원사업의 사업계획서로 제출할 수 있고 지자체 창업지원사업에도 바로 활용할 수 있다.
- 예비창업패키지 사업계획서는 창업아이템 요약과 팀 구성 항목이 가장 중요하다.

└──────────────────────────────────────┘

    나는 『초보창업자도 100% 성공하는 정부지원사업 합격 사업계획서 쓰는 법』을 통해 사업계획서 쓰는 법을 설명했다. 이 책은 현재 베스트셀러로 정부지원사업 사업계획서 작성의 표준 가이드로 활용되고 있다. 이미 많은 (예비)창업자가 이 책을 통해서 창업지원사업 및 정부R&D지원사업에 합격했고, 독자로부터 감사 메일과 메시지를 수시로 받고 있다. 그래서 창업 사업계획서를 쓸 때도 합격하고 싶다면 그 책을 읽고 사업계획서 쓰는 것을 추천한다. 『초보창업자도 100% 성공하는 정부지원사업 합격 사업계획서 쓰는 법』은 R&D용 사업계획서를 작성하는 책이지만, 창업 사업계획서에 들어갈 작성 내용도 모두 포함하고 있기 때문에 창업 사업계획서를 쓸 때도 그대로 활용이 가능하다. 다만 『초보창업자도 100% 성공하는 정부지원사업 합격 사업계획서 쓰는 법』은 약 20페이지 내외의 사업계획서 쓰는 법을 설명하고 있어 5페이지 내외 창업 사업계획서보다 설명하는 것이 많다. 예비창업자에게는 그것도 어려울 수 있기에 이 책에서는 합격하는 창업 사업계획서 쓰는 법을 별도로 설명하고자 한다.

예비창업패키지 사업계획서가 표준 창업 사업계획서

창업 사업계획서에도 표준이 되는 사업계획서가 있다. 바로 K스타트업의 예비창업패키지 사업계획서다. 예비창업패키지, 청년창업사관학교, 도전! K-스타트업 예비창업리그, 초기창업패키지 등 창업지원사업 사업계획서 양식은 거의 비슷하다. 예비창업패키지 사업계획서 하나만 잘 작성하면 다른 창업지원사업에도 쉽게 신청서를 제출할 수 있다. 또 지자체에서 진행 창업지원사업과 창업공모전 사업계획서도 표준 창업사업계획서를 기반으로 작성하면 쉽다. 창업지원사업이 많고 여러 번 신청을 해야 하는데 그때마다 매번 사업계획서를 다시 작성하려면 시간도 많이 걸리고 번거로울 뿐만 아니라 사업계획서가 질적으로 향상될 수 없다. 따라서 표준 창업 사업계획서를 제대로 한 번 작성하고 난 후 보완을 하면서 재활용하는 것이 중요하다. 표준 창업 사업계획서 양식은 다음과 같다.

사업계획서 작성 목차

항목	세부항목
□일반 현황	- 기본정보 : 대표자, 아이템명 등 일반현황 및 제품(서비스) 개요 - 세부정보 : 신청분야, 기술분야 신청자 세부정보 기재
□창업아이템 개요(요약)	- 창업아이템 소개, 차별성, 개발경과, 국내외 목표시장, 창업아이템 이미지 등을 요약하여 기재
1. 문제인식 (Problem)	**1-1. 창업아이템의 개발동기** - 창업아이템의 부재로 불편한 점, 국내·외 시장(사회·경제·기술)의 문제점을 혁신적으로 해결하기 위한 방안 등을 기재 **1-2 창업아이템의 목적(필요성)** - 창업아이템의 구현하고자 하는 목적, 국내·외 시장(사회·경제·기술)의 문제점을 혁신적으로 해결하기 위한 방안 등을 기재
2. 실현가능성 (Solution)	**2-1. 창업아이템의 개발·사업화 전략** - 비즈니스 모델(BM), 제품(서비스) 구현정도, 제작 소요기간 및 제작방법(자체, 외주), 추진일정 등을 기재 **2-2. 창업아이템의 시장분석 및 경쟁력 확보방안** - 기능·효용·성분·디자인·스타일 등의 측면에서 현재 시장에서의 대체재(경쟁사) 대비 우위요소, 차별화 전략 등을 기재
3. 성장전략 (Scale-up)	**3-1. 자금소요 및 조달계획** - 자금의 필요성, 금액의 적정성 여부를 판단할 수 있도록 사업비 (사업 화자금)의 사용계획 등을 기재 **3-2. 시장진입 및 성과창출 전략** - 내수시장 : 주 소비자층, 시장진출 전략, 그간 실적 등 - 해외시장 : 글로벌 진출 실적, 역량, 수출망 확보계획 등
4. 팀 구성 (Team)	**4-1. 대표자 및 팀원의 보유역량** - 대표자 및 팀원(업무파트너 포함) 보유하고 있는 경험, 기술력, 노하우 등 기재

[예비창업패키지 사업계획서 1페이지: 사업계획서 목차 안내]

예비창업패키지 사업계획서

※ 본문 5페이지 내외(일반현황, 창업아이템 개요 제외)로 작성(증빙서류 등은 제한 없음), '파란색 안내 문구'는 삭제하고 검정색 글씨로 작성하여 제출, <u>양식의 목차, 표는 변경 또는 삭제 불가</u>(행추가는 가능, 해당사항이 없는 경우 공란으로 유지)하며, 필요 시 사진(이미지) 또는 표 추가 가능

□ 일반현황

신청 주관 기관 (택 1)	□ 기술보증기금 (*희망본부*)			□ 한국여성벤처협회	
창업아이템명					
기술분야	*정보·통신, 기계·소재 (* 온라인 신청서와 동일하게 작성)*				
신청자 성명		생년월일	*1900.00.00*	성별	*남 / 여*
직업	*교수 / 연구원 / 일반인 / 대학생...*	사업장 설립 예정지	*○○도 ○○시*		
팀 구성 (신청자 제외)					
순번	직급	성명	담당업무	주요경력	비고
1	*대리*	*○○○*	*해외 영업*	*미국 ○○대 경영학 전공*	*채용예정 ('19.8)*
2					
...					

□ 창업아이템 개요(요약)

창업아이템 소개	※ 핵심기능, 소비자층, 사용처 등 주요 내용을 중심으로 간략히 기재	
창업아이템의 차별성	※ 창업아이템의 현재 개발단계를 포함하여 기재 예) 아이디어, 시제품 제작 중, 프로토타입 개발 완료 등	
국내외 목표시장	※ 국내 외 목표시장, 판매 전략 등을 간략히 기재	
이미지	※ 아이템의 특징을 나타낼 수 있는 참고사진(이미지) 또는 설계도 삽입	※ 아이템의 특징을 나타낼 수 있는 참고사진(이미지) 또는 설계도 삽입
	< 사진(이미지) 또는 설계도 제목 >	< 사진(이미지) 또는 설계도 제목 >

[예비창업패키지 사업계획서 2페이지: 창업아이템 요약]

1. 문제인식(Problem)

1-1. 창업아이템의 개발동기

※ 국내·외 시장(사회·경제·기술)의 문제점을 혁신적으로 해결하기 위한 방안 등을 기재

○

　-

　-

○

　-

　-

1-2 창업아이템의 목적(필요성)

※ 창업아이템의 구현하고자 하는 목적, 국내·외 시장(사회·경제·기술)의 문제점을 혁신적
　으로 해결하기 위한 방안 등을 기재

○

　-

　-

○

　-

　-

[예비창업패키지 사업계획서 3페이지: 문제인식]

2. 실현가능성(Solution)

2-1. 창업아이템의 개발·사업화 전략

※ 비즈니스 모델(BM), 제품(서비스) 구현정도, 제작 소요기간 및 제작방법(자체, 외주), 추진일
정 등을 기재

○

 -

○

 -

< 사업 추진일정 >

추진내용	추진기간	세부내용
제품보완, 신제품 출시	2019.0.0. ~ 2019.0.0.	OO 기능 보완, 신제품 출시
홈페이지 제작	2019.0.0. ~ 2019.0.0.	홍보용 홈페이지 제작
글로벌 진출	2019.0.0. ~ 2019.0.0.	베트남 OO업체 계약체결
투자유치 등	2019.0.0. ~ 2019.0.0.	VC, AC 등
...		

2-2. 창업아이템의 시장분석 및 경쟁력 확보방안

※ 기능·효용·성분·디자인·스타일 등의 측면에서 현재 시장에서의 대체재(경쟁사) 대비
우위요소, 차별화 전략 등을 기재

○

 -

○

 -

[예비창업패키지 사업계획서 4페이지: 실현가능성]

3. 성장전략(Scale-up)

3-1. 자금소요 및 조달계획

> ※ 자금의 필요성, 금액의 적정성 여부를 판단할 수 있도록 사업비 사용계획 등을 기재
> ※ '2019년 예비창업패키지 일반분야 청년 예비창업자 모집공고(2019.2.28)' 사업화 자금
>   집행 항목(4페이지)을 참고하여 작성(사업비 세부 집행기준은 최종통과자를 대상으로
>   별도 안내)

○

   -

   -

○

   -

   -

<사업화자금 집행계획>

비 목	산출근거	금액(원)
재료비	•DMD소켓 구입(00개×0000원)	3,448,000
	•전원IC류 구입(00개×000원)	7,652,000
시제품제작비	•시금형제작 외주용역(OOO제품 …. 플라스틱금형제작)	
지급수수료	•국내 OOO전시회 참가비(부스임차, 집기류 임차 등 포함	
…		
…		
…		
…		
합 계		

[예비창업패키지 사업계획서 5페이지: 성장전략]

3-2. 시장진입 및 성과창출 전략

3-2-1. 내수시장 확보 방안

> ※ 내수시장을 중심으로 주 소비자층, 주 타겟시장, 진출시기, 시장진출 및 판매 전략, 그
> 간 성과 등을 구체적으로 기재

  ○

   -

3-2-2. 해외시장 진출 방안

> ※ 해외시장을 중심으로 주 소비자층, 주 타겟시장, 진출시기, 시장진출 및 판매 전략, 그 ·
> 간 성과 등을 구체적으로 기재

  ○

   -

[예비창업패키지 사업계획서 6페이지: 시장진입 및 성과창출 전략]

4. 팀 구성(Team)

4-1. 대표자 및 팀원의 보유역량

○ 대표자 현황 및 역량

> ※ 창업아이템과 관련하여 대표자가 보유하고 있는 이력, 역량 등을 기재

-

○ 팀원현황 및 역량

> ※ 사업 추진에 따른 팀원현황 및 역량을 기재

순번	직급	성명	주요 담당업무	경력 및 학력 등	채용시기
1	과장	○○○	S/W 개발	컴퓨터공학 박사	'19. 5
2	대리		해외 영업(베트남, 인도)	○○기업 해외영업 경력 8년	
3	...		R&D	○○연구원 경력 10년	

○ 추가 인력 고용계획

순번	주요 담당업무	요구되는 경력 및 학력 등	채용시기
1	S/W 개발	IT분야 전공 학사 이상	'19. 11
2	해외 영업(베트남, 인도네시아)	글로벌 업무를 위해 영어회화가 능통한 자	
3	R&D	기계분야 전공 석사 이상	

○ 업무파트너(협력기업 등) 현황 및 역량

> ※ 창업아이템 개발에 필요한 협력사의 주요역량 및 협력사항 등을 기재

순번	파트너명	주요역량	주요 협력사항	비고
1	○○전자		테스트 장비 지원	~'19.12
2	...			협력 예정

[예비창업패키지 사업계획서 7페이지: 팀 구성]

증빙서류 제출목록 안내

※ '기타 참고자료'와 '가점관련 증빙서류'는 신청시 제출하여야 하며, '공통서류'와
창업사실 확인서류는 서류평가 통과자에 한하여 주관기관 안내에 따라 제출

구 분	목 록	비고
기타 참고자료	본인의 아이템을 설명하기 위해 필요한 도면, 설계도 등	
가점관련 증빙서류	•**2인 이상(대표자 포함)의 기술기반 예비창업팀(2점)** - 가점 증빙서류 (1) 양식의 '**예비창업패키지 팀창업 신청서**'를 작성하여 제출	신청시 제출
	•**신청한 창업아이템과 관련된 특허권·실용신안권 보유자(1점)** - 특허등록원부, 실용신안등록원부 * 공고일(2019.2.28.) 이후 발급분에 한함	
	•**최근 2년('17~현재) 정부 주관 전국규모 창업경진대회 수상자(1점)** - 공공데이터 활용 창업경진대회(중기부, 행안부, 국토부 주관) 입상실적 증명원 또는 상장사본 - 대한민국 창업리그(중기부 주관) 본선이상 입상실적 증명원 또는 상장사본 - 지식재산(IP) 정보 활용 아이디어 경진대회 특별상 이상 수상실적 증명원 또는 상장사본	
공통서류	•**대표자 신분증 사본**(주민등록증·운전면허증·여권 중 1개) * 학생증 불가	서류평가 통과시 제출
창업사실 확인서류	•**사실증명(총사업자 등록내역)** - 공고일 이후 발급서류 * 발급방법: 국세청홈텍스(hometax.go.kr),민원증명-사실증명신청- '**사실증명(총사업자 등록내역)**' 신청 또는 관할세무서 발급	

* 본 사업계획서 작성 내용과 증빙자료 상의 상이한 부분이 발견되거나 누락 또는
허위 기재 등의 사실이 확인될 경우 선정 취소, 중기부 창업지원사업 참여제한
및 사업화자금 환수 등의 불이익이 발생할 수 있음

[예비창업패키지 사업계획서 8페이지: 증빙서류 안내]

기타 참고자료(해당자에 한함)

창업아이템 도면, 설계도 등 참고자료 삽입
(페이지 추가 가능)

[예비창업패키지 사업계획서 9페이지: 기타 증빙서류]

예비창업패키지 팀창업 신청서

창업아이템명			
신청자 성명 (대표자)		생년월일	*1900.00.00*

본인은 '2019년 예비창업패키지 청년 예비창업자 모집공고' 신청시 가점(2점)을 부여받기 위해 아래와 같이 팀원을 구성하였습니다.

< 팀원 구성현황 >

순번	성명	생년월일 (6자리)	주요 담당업무	경력 및 학력 등	채용시기
1	○○○	○○○○○○	*S/W 개발*	*○○연구원 경력 10년○○*	*'19. 5*
2			*해외 영업(베트남, 인도)*	*기업 해외영업 경력 8년*	
3					

사업에 선정된 경우, 협약체결 후 3개월 이내에 특별한 사유없이 상기의 팀원을 직원으로 채용하지 않거나, 협약기간 중에 팀원을 퇴사처리 하는 경우 선정 취소 및 지급된 사업화자금 전액이 환수조치되는 것에 동의하며, 이의를 제기하지 않겠습니다.

2019.   .   .

성명 :   (인)

주관기관장 귀하

[예비창업패키지 사업계획서 10페이지: 팀 구성 증빙서류]

가점 증빙서류 (2)

* 신청한 창업아이템과 관련된 특허권·실용신안권 보유자
  - 특허등록원부, 실용신안등록원부

*가점관련 증빙서류
이미지 삽입*

[예비창업패키지 사업계획서 11페이지: 특허 증빙서류]

가점 증빙서류 (3)

* 최근 2년('17~현재) 정부 주관 전국규모 창업경진대회 수상자
- 공공데이터 활용 창업경진대회(중기부, 행안부, 국토부 주관) 입상실적 증명원 또는 상장
- 대한민국 창업리그(중기부 주관) 본선이상 입상실적 증명원 또는 상장사본
- 지식재산(IP) 정보 활용 아이디어 경진대회 특별상 이상 수상실적 증명원 또는 상장사본

가점관련 증빙서류
이미지 삽입

[예비창업패키지 사업계획서 12페이지: 상장 증빙서류]

예비창업패키지 사업계획서 항목별 중요도

　총 12페이지 중에서 실제로 작성이 필요한 페이지는 6페이지다. 이 6페이지로 창업지원금 1억원을 받을 수 있다. 당연히 최선을 다해 작성해야 한다. 하루 이틀 작성해서는 제대로 작성할 수 없다. 많은 준비와 노력이 필요하다. 합격하는 사업계획서 쓰는 법을 알아보기 전에 먼저 이 6페이지 사업계획서에서도 중요한 페이지가 어디인지 확인해 볼 필요가 있을 것 같다. 평가위원의 관점에서 보았을 때 예비창업패키지 사업계획서의 페이지별 중요도를 따져 봤다. 이것은 객관적인 데이터를 바탕으로 분석한 자료가 아니라 오로지 많은 사업계획서를 읽어 보고 평가해 온 경험으로 중요도를 제시한 것이다.

페이지	목차		주요사항	중요도
1	사업계획서 목차 안내		사업계획서 제출 시 삭제 요망	–
2	실제 작성 항목	창업아이템 요약	가장 중요한 페이지 2~3페이지로 늘려 쓰는 것이 더 좋다.	50%
3		문제인식	문제점 1~2개, 필요성 3~4개 제시	10%
4		실현가능성	도표 활용, 추진일정 최대한 상세히	10%
5		성장전략	자금소요 계획 최대한 상세히	5%
6		시장진입 및 성과창출 전략	초기시장 침투 전략과 해외 진출의 꿈	2%
7		팀 구성	최대한 상세히, 전문가적 경력 중심	15%
8	증빙서류 안내		사업계획서 제출 시 삭제 요망	–
9	기타 증빙서류		설계도, 디자인, 시나리오 등 준비제출	5%
10	팀 구성 가점 증빙서류		정해진 양식	–

11	특허 가점 증빙서류	특허출원증이나 기타 지식재산권이라도 제출	1%
12	상장 가점 증빙서류	창업공모전 상장 제시	2%
합계			100%

[예비창업패키지 사업계획서 양식 구성과 페이지별 중요도]

창업 사업계획서가 5~6페이지로 구성되지만 사업계획서 평가시간은 5분 내외로 적어 정독하여 읽어 보기 어렵다. 그래서 나는 **창업아이템 요약** 부분에 집중하여 읽어 본다. 그리고 나머지 본문은 창업아이템 요약에서 궁금했던 것을 위주로 살펴본다. 그리고 **팀 구성**을 자세히 살펴본다. 특히 대표자의 경력과 팀 구성원의 경력이 창업아이템과 부합되고 조화가 되는지 확인한다. 그리고 **기타 증빙서류**에서는 그동안 창업을 위해 준비한 흔적으로 찾는다. 이렇게 3가지 부분에 중점을 두어 판단한다. 이 3가지 부분이 예비창업자에게는 가장 중요한 부분이라고 생각한다. 아무래도 덜 중요한 부분은 자금과 시장 진출 전략 부분이다. 아직 창업을 하지 않은 상태이기 때문에 이 부분에 대해서 제대로 된 전략을 수립하기 어렵기 때문이다. 사업계획서 항목별 중요도를 확인하고 사업계획서를 쓸 때 참고하길 바란다.

예비창업패키지 사업계획서 작성 전 미리 알아 둘 중요사항

▶ 4차산업 분야와 혁신 분야 등의 창업아이템이 유리하다

4차산업 분야와 혁신 분야[14]의 창업아이템은 예비창업패키지에 합격하는 데 대단히 유리하다. 실제 창업자의 아이템이 4차산업 분야라면 예비창업패키지는 무조건 합격부터 하고 창업해야 하는 것이 정상이라고 할 만큼 유리하다. 그런데 예비창업자 사업계획 중에 4차산업 분야로 신청하는 창업자는 10% 미만일 것이다. 4차산업 분야라고 신청한 사업계획서 중에서 실제 4차산업 기술을 개발하지 않는 것들이 많다. 4차산업 분야의 기술이 어려워서 이 분야 창업자가 많지 않다. 그래도 **창업아이템이 실제 4차산업 분야의 개발이 메인이 아니더라도 4차산업 분야와 연계될 수 있는 포인트가 있다면 그것을 강조하여 사업계획서를 작성해야 한다.** 또 4차산업 분야가 아니더라도 SW개발, HW개발, 지식서비스, 제조업과 관련되어 있다면 예비창업패키지 아이템으로는 괜찮다.

---

14   4차산업 분야는 인공지능, 빅데이터, 클라우드, 사물인터넷, 5G, 3D프린팅, 블록체인, 지능형반도체, 첨단소재, 스마트헬스케어, AR · VR, 드론, 스마트공장, 스마트팜, 지능형로봇, 자율주행차, O2O, 신재생에너지, 스마트시티, 핀테크 등의 20가지 산업을 말한다. 혁신 분야는 혁신적인 고기술을 보유하고 전문기술인력이 대표로 창업하는 분야를 말하는데 혁신 분야도 그냥 4차산업 분야라고 보면 된다.

▶ 창업아이템 요약 페이지는 2~3페이지로 늘려 작성하는 것이 좋다

　사업계획서의 첫 페이지는 창업자의 일반현황과 창업아이템의 개요를 적어야 한다. 창업자의 일반현황과 창업아이템 소개, 창업아이템의 차별성, 국내외 목표시장, 이미지 등 4가지 항목을 1페이지로 작성하도록 되어 있다. 그런데 써야 될 항목에 비하여 작성할 공간이 매우 작다. **창업아이템 요약 내용을 굳이 이 작은 공간에 맞춰 적을 필요가 없다. 일반적으로 2페이지 많게는 3페이지 늘려 써도 된다.** 아니 오히려 늘려 써야 한다. 창업아이템 요약 부분에서 설명을 제대로 하는 것이 중요하지 1페이지 이내로 써야 하는 형식이 중요한 것은 아니다. 반 페이지로는 아이템을 요약 설명하고 이미지까지 넣는 것은 정말 어려운 일이다. 형식에 얽매이지 마라.

▶ 5페이지가 아닌 최대 10페이지 미만까지 본문을 작성해도 문제없다

　창업아이템 요약 페이지를 제외하고 나면 실제 사업계획서 작성할 페이지는 문제인식, 실현가능성, 성장전략, 시장진입 및 성과창출 전략, 팀 구성 등의 5개 항목 5페이지로 구성되어 있다. 설명을 잘해서 각 항목별로 1페이지 내로 적을 수 있으면 좋겠지만 핵심을 요약하는 것이 쉽지 않아 1페이지를 넘기는 경우가 많다. 그때 각 작성 항목별로 1페이지씩 추가해도 괜찮다. 최대 10페이지만 넘지 않으면 될 것이다. 적당하게는 7~8페이지 정도면 충분하다고 본다. 대부분은 사업계획서를 5페이지 양식에 맞춰 쓰는데 내용을 읽어 보면 부족한

부분이 많고 이해가 되지 않는 것도 많다. 형식에 얽매이지 마라. 중요한 것은 사업 아이디어의 내용이다.

▶ 가점과 관계없는 '기타 증빙서류' 제출이 필요하다

사업계획서 증빙서류로 가점서류를 첨부하도록 되어 있다. 팀 창업 신청서, 특허등록증, 창업공모전 상장으로 되어 있다. 해당 사항이 있으면 써 넣고 없으면 삭제하고 제출하면 된다. **가점이 있으면 좋지만 없다고 해서 크게 걱정할 필요가 없다. 가점이 예비창업패키지 당락을 결정하지 않는다. 평가위원은 평가를 할 때는 가점 내용보다는 사업내용에 훨씬 큰 비중을 둔다.** 따라서 가점사항을 억지로 만들려고 하지 마라.

오히려 더 중요한 것은 가점사항이 아닌 '기타 증빙서류'다. 창업아이템 개발과 관련해서 지금까지 준비한 내역을 상세하게 보여 주는 것이 좋다. 설계도, 이미지, 프로그램 알고리즘, 개발연구노트 등 개발을 성실히 하고 있다는 것을 보여 줄 수 있는 자료를 3~4페이지 준비하는 것이 좋다. 이런 자료가 구체적으로 개발이 진행되고 있고 준비되어 있음을 어필하는 근거가 되는 것이다. 그 근거를 직관적으로 보여 줄 수 있어 매우 긍정적으로 작용한다. 개발을 완성하고 사업에 성공할 수 있다는 믿음을 줄 수 있다. 평가위원은 성공가능성이 높고 준비된 아이템에 창업지원금을 주고 싶어 한다.

(2) 합격하는 예비창업패키지 사업계획서 작성 방법

┌─○ **핵심 요약** ○─────────────────────────────────────┐

• 새로운 개발 아이디어가 반드시 포함되어야 한다. 개발과 관련하여 열심히 준비해 온 결과물과 그 노력의 흔적(이미지, 기타 증명서류 등)을 제시해야 한다.
• 기술개발과 관련이 있도록 대표자와 팀원의 경력을 상세하게 설명해야 한다.
• 중소기업 정부지원 사업계획서 작성의 최고 지침서인 『초보창업자도 100% 성공하는 정부지원사업 합격 사업계획서 쓰는 법』을 참고한다.
• 그래도 사업계획서 쓰기가 어려우면 아래 창업 사업계획서 샘플 형식 그대로 작성해도 된다.

└──┘

2015년 세 번째 창업할 때, 여러 가지 창업지원사업이 있었지만 대부분 떨어지고 '글로벌 창업활성화 사업'에 최종 합격해서 중국 진출을 지원받았다. 그 사업이 내게는 처음이자 마지막 창업지원사업이었다. 그때 사업계획서와 지금의 사업계획서는 완전히 다르지만 그동안 창업멘토로서, 평가위원으로서 다양한 사업계획서를 검토 · 평가하면서 합격하는 사업계획서를 많이 접할 수 있었다. 그리고 합격하는 창업 사업계획서의 특징을 찾아봤다. 그 특징에 따라 내가 창업했던 아이템을 지금의 양식에 맞춰 합격하는 창업 사업계획서 쓰는 법을 설명해 보고자 한다.

가장 중요한 '창업아이템 요약' 페이지

창업 사업계획서에 가장 중요한 부분은 '창업아이템 요약' 부분이다. 서면평가 평가위원이 하나의 사업계획서를 평가하는 시간은 최대 15분 정도다. 15분 중에서 사업계획서를 읽어 보는 시간은 5분 정도이고 나머지 10분은 평가점수를 매기고 평가의견을 기록하는 데 쓴다. 5분 동안 기타 증빙서류까지 포함해서 10페이지가 넘는 사업계획서를 정독하기 어려워 내용을 상세하게 이해할 수 없다. **최대한 빨리 읽고 중요한 사항(평가점수에 반영할 만한)만 확인하고 평가해야 한다. 그래서 평가위원은 1~2페이지로 정리된 '창업아이템 요약' 부분을 가장 집중적으로 읽어 본다.**

창업아이템 요약 부분에서는 창업자의 일반현황과 창업아이템 개요, 차별성, 시장규모, 제품·서비스 이미지 등을 표현해야 한다. 그런데 표준 사업계획서 양식에는 그 모든 것을 1페이지에 작성하도록 되어 있다. 하지만 충분한 요약 설명을 위해서는 2~3페이지로 늘려 쓰는 것이 훨씬 좋다.

※ *본문 5페이지 내외(일반현황, 창업아이템 개요 제외)로 작성(증빙서류 등은 제한 없음), '파란색 안내 문구'는 삭제하고 검정색 글씨로 작성하여 제출, 양식의 목차, 표는 변경 또는 삭제 불가(행추가는 가능, 해당사항이 없는 경우 공란으로 유지)하며, 필요 시 사진(이미지) 또는 표 추가 가능*

[예비창업패키지 사업계획서 작성 유의사항]

예비창업패키지 사업계획서 양식에 보면 위와 같은 안내 문구가 있다. '본문 5페이지 내외로 작성(일반현황, 창업아이템 개요 제외), 증빙서류 제한 없음. 양식의 목차 및 표는 변경 불가, 필요시 표 추가 가능'이라고 적혀 있다. 본문은 5페이지로 이상 써도 상관이 없다고 하였고, '창업아이템 개요 제외'라고 되어 있다. 따라서 창업아이템 요약 부분은 1페이지로 작성하지 말고 2~3페이지로 작성해도 된다.

▶ **일반현황에서 팀 구성원에 대한 자랑은 최대한 많이, 확실하게 해야 한다**

팀 구성 (신청자 제외)					
순번	직급	성명	담당업무	주요경력	비고
1	대리	○○○	해외 영업	미국 ○○대 경영학 전공	채용예정 ('19.8)

[팀 구성 작성 부분]

일반현황은 있는 그대로 작성하면 되는데, 그중에서 중요한 것이 '팀 구성'이다. 위 [팀 구성 작성 부분] 예시는 실제 예비창업패키지 사업계획서 양식에 있는 예시 내용이다. 팀원이 대리인데 담당업무는 '해외 영업'이고 주요경력란에는 주요경력을 쓰게 되어 있는데 예시 내용은 학력사항을 썼다. 그 학력사항도 '한국'이 아닌 '미국 ○○대 경영학' 전공으로 되어 있다. 바람직하지는 않지만, 중앙정부에서 추진하는 창업지원사업의 공식 배포 양식에 나와 있는 예시가 예비창업패키지 사업계획서를 작성할 때 어떤 것을 강조해야 하는지 알려 주는 것이라고 생각한다.

팀원의 능력이 매우 중요하다. 우선 혼자보다는 팀 구성으로 창업하는 게 유리하고 대표자를 제외하고 개발, 기획 또는 마케팅(영업) 담당 인력이 있으면 좋다. 특이한 것은 팀원의 학력도 중요한 경력이 될 수 있다는 것이다. 구체적으로 출신 대학교를 적어도 된다. 일부 R&D 사업계획서에는 참여연구원 현황을 적는 칸이 아예 없다. 그것이 사업계획서를 평가하는 데 있어 오히려 방해요소가 될 수 있다고 판단했기 때문이다. 하지만 창업 사업계획서는 다르다. 창업 사업계획서에서는 팀 구성 자체가 매우 중요하다. 따라서 **팀 구성원을 설명할 때 한 줄만 작성하지 말고 자랑할 수 있는 것을 최대한 많이 자랑해서 창업 사업화 성공가능성이 높다는 것을 보여 줘야 한다. 최대한 많이 쓰고 사업화에 대한 능력이 있음을 증명해라.**

창업아이템 요약 3페이지 작성 예시

예비창업패키지 사업계획서

□ 일반현황

신청 주관 기관 (택 1)	□ 기술보증기금 ( )			□ 한국여성벤처협회	
창업아이템명					
기술분야	*정보·통신, 기계·소재 (* 온라인 신청서와 동일하게 작성)*				
신청자 성명		**생년월일**	*1900.00.00*	**성별**	*남 / 여*
직업	*교수 / 연구원 / 일반인 / 대학생...*	**사업장 설립 예정지**	*○○도 ○○시*		
팀 구성 (신청자 제외)					
순번	직급	성명	담당업무	주요경력	비고
1	*대리*	*○○○*	*해외 영업*	*미국 ○○대 경영학 전공*	*채용예정 ('19.8)*
2					

□ 창업아이템 개요(요약)

창업아이템 소개	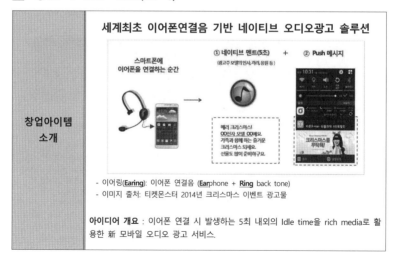 **세계최초 이어폰연결음 기반 네이티브 오디오광고 솔루션** - 이어링(**Earing**): 이어폰 연결음 (**Ear**phone + **Ring** back tone) - 이미지 출처: 티켓몬스터 2014년 크리스마스 이벤트 광고물 **아이디어 개요** : 이어폰 연결 시 발생하는 5최 내외의 Idle time을 rich media로 활용한 新 모바일 오디오 광고 서비스.

[창업아이템 요약 1페이지: 일반현황, 창업아이템 소개 부분 작성 예시]

창업아이템 소개	**창업아이템 동기(배경 및 필요성)**: 모바일 오디오 광고라는 신시장을 창출하고 글로 벌 선점을 위한 "모바일 네이티브 오디오 광고 서비스 ① 하루 1,600만 명이 약 4,800만 번 이어폰 이용(이용자의 40%가 하루 평균 3회) ② 이어폰 연결 후 유휴시간(Idle time) 약 10초, 누구에게나 매일 발생 ③ 이 유휴시간은 누구에게나 발생하는 새로운 Rich media (뉴미디어) ④ 국내 모바일 광고는 해외기술의 카피캣, 국내기술로 모바일 광고 서비스 분야로 해외 진출한 예시가 없음 (해외 진출 가능)

창업아이템의 차별성

구분	항목	내용
차별성 독창성	니치마켓	이어폰 연결기반의 "모바일 네이티브 오디오 광고"라는 새로운 틈새시장
	新리치미디어	하루평균 4,800만회에 달하는 이어폰 연결 유휴시간(약 10초)을 오디오 광고+Push 광고를 제공할 수 있는 새로운 리치미디어로 활용
	블루오션	국내 연간 2,300억원(세계시장 45억$)에 달하는 거대한 신규 시장창출
	Captive Audience	일부러 피할 수 없는 The only pathway(김목형)형 광고채널 개발
글로벌 경쟁력	특허	2014년 국내 기술특허출원 완료, 올 6월까지 해외 4개국 특허 출원 진행
	독점 비즈니스	특허, 빠른 실행을 통한 독점 비즈니스로 글로벌 진출 가능
	빠른 시장 장악	매체앱 실행기준이 아닌 설치기준 광고노출로 500만건 이상 다운로드를 기록한 소수매체(20개내외)재유만으로 전체시장을 커버하는 시장장악력
	시장 검증	세계최고의 베타서비스 시장은 우리나라에서 오늘 5월 SBS고릴라앱(700 만 DL)을 통해 상용 오픈베타서비스를 실시하여 시장검증 후 해외진출
B기술 경쟁력	네트워크형 SDK	가입자 확보에 시간과 비용이 많이 드는 자체앱 개발 방식이 아닌, 이미 많은 가입자를 확보하는 여러매체에 동시 적용할 수 있는 SDK방식 적용
	bargaining power	소수의 매체만이 참여하여 전체 시장의 파이를 나누는 관계로 서비스를 비즈니스의 협상력이 매체사가 아닌 기술개발사에 집중
	타겟팅 기술	그동안 모바일 광고에서 없었던 이용자 설치앱 유무기준으로 타겟팅 및 매체앱 타겟팅 가능, 매체사별 이용자 정보기준 타겟팅을 위한 API 제공

국내외 목표시장

(1) 국내 시장규모: 건당 20원, 인당 하루 2회 광고 노출 기준 시

참고 : 모바일배너광고 1위 사업자인 Daum의 2013년 모바일배너광고 전체 매출 약 300억원(Ad@m포함)

日평균 1,600만명 이용시 年 최대 2,300억원 시장 창출

(2016년 일평균 400만명 이용시 연간 최대 576억원 시장 창출)

이용자수	일별 1회 광고노출		일당 2회 광고노출				
	노출수	매출	일 매출 규모		월 매출 규모		년 매출 규모
			노출수	매출	노출수	매출	노출수	매출
50만명	50만건	1000만원	100만건	2000만원	3000만건	6억원	3.6억건	72억원
100만명	100만건	2000만원	200만건	4000만원	6000만건	12억원	7.2억건	144억원
200만명	200만건	4000만원	400만건	8000만원	1.2억건	24억원	14.4억건	288억원
400만명	400만건	8000만원	800만건	1.6억원	2.4억건	48억원	28.8억건	576억원
1000만명	1000만건	2억원	2000만건	4억원	6억건	120억원	72억건	1440억원
1600만명	1600만건	3.2억원	3200만건	6.4억원	9.6억건	192억원	115.2억건	2304억원

※ 15초 오디오광고 Trueisten (CPLP: Cost Per listen & Push) 당 단가 : 20원, 하루 최대 1인당 2회 광고 노출 기준

(2) 신규시장 창출 및 산업에 미치는 효과

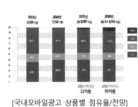

[국내모바일광고 상품별 점유율/전망]

1) 신규시장의 창출(모바일 오디오 광고)

모바일 검색, 배너, 보상 광고로 3분되어 있는 시장에 모바일 오디오 광고라는 새로운 카테고리의 시장을 창출. 2015년 11억원, 2016년 95억원, 2017년 177억원으로 연평균 90% 성장

2) 파급효과 (최초의 성공적 해외 진출)

2015년부터 국내의 독보적인 지위 확보. 모바일 광고 서비스 분야에 있어서 국내 최초로 해외진출. 세계 모바일 오디오 광고 시장을 선점.

[창업아이템 요약 2페이지: 창업아이템 차별성, 국내외 목표시장 부분 작성 예시]

이미지	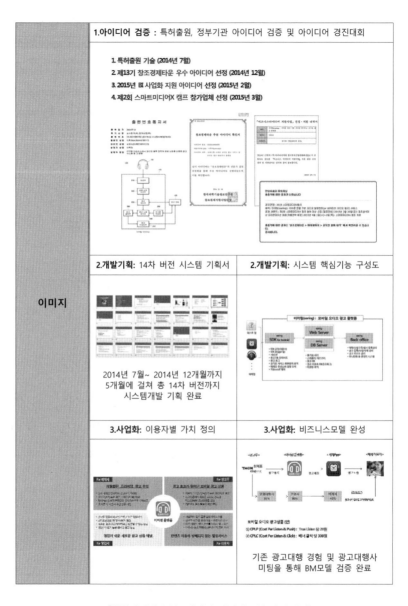

[창업아이템 요약 3페이지: 이미지 부분 작성 예시]

창업아이템 소개: 과제명, 개요도, 아이디어 정의, 배경 및 필요성

창업아이템 소개 작성 분량은 반 페이지 정도로 하면 된다. 작성 내용은 4가지로 과제명, 개요도, 아이디어 정의, 배경 및 필요성으로 구분하여 작성한다.

▶ **과제명 정하기: 3단/4단 구조, 핵심은 차별화 가능한 문구**

과제명은 아이디어를 쉽게 이해시키고 호기심이 생길 수 있도록 작성해야 한다. 창업아이템 소개 부분은 1페이지에만 써도 되고, 예시와 같이 2페이지 상단 정도까지 늘려 써도 된다. 과제명은 폰트 크기 16~18포인트, 볼드체로 쓴다. 과제명을 읽고 기술이 우수하다고 판단할 수 있도록 '국내 최초, 세계 최초'라는 내용을 넣고, 서비스나 제품에서 가장 차별화된 문구를 넣어 완성한다. 예시의 과제명 '세계 최초 이어폰 연결음 기반 네이티브 오디오 광고 솔루션'이라는 내용으로 3단/4단 구조 형태의 과제명을 만들면 아래와 같다.

순번	구분	내용	3단 구조	4단 구조
1	~위한	~용, ~위한	–	해외 진출을 위한
2	'최초'	국내/세계	세계 최초	세계 최초
3	핵심 차별화 (※핵심)	~하는, ~되는	이어폰 연결음 기반	이어폰 연결음 기반

| 4 | 사업 분야 | ~제품, 시스템, ~서비스 | 네이티브 오디오 광고 솔루션 | 네이티브 오디오 광고 솔루션 |

[과제명 정하기 3단/4단 구조]

과제명 구조에서 1, 2, 4번은 일반적인 내용으로 선정하기 쉽다. 중요한 것은 3번 '핵심 차별화'를 나타내는 문구다. 위 과제명에서 서비스의 핵심 차별화 문구는 '이어폰 연결음 기반'이다. '이어폰 연결음'은 이 과제의 중요한 아이디어로 내가 지어낸 신조어다. 말 그대로 해석하면 이어폰을 연결할 때 나오는 배경음이 '이어폰 연결음'이다.

1번의 경우 ~를 위한, ~용으로 구체적으로 쓸 수 있는데, 굳이 필요 없으면 빼도 된다. 1번을 넣으면 4단 구조 과제명이 되고 빼면 3단 구조 과제명이 된다. 2번은 국내 최초, 세계 최초 둘 중 하나만 쓰면 된다. **그런데 만약 아이디어가 최초라고 할 수 없다면 창업을 다시 생각해 봐야 한다. 혁신형 창업을 할 때는 반드시 남들과 다른 차별화 포인트가 있어야 한다.** 아이디어를 검증하는 과정에서 최초가 아닌 것을 발견하면 아이디어를 다시 고민해야 한다. 또 왜 지금까지 이 아이디어로 제품이나 서비스가 만들어지지 않았는지 이유를 알아내야 한다. 그것을 검증할 수 없으면 아이디어가 아니라 단순히 희망이고 꿈인 것이다. 예를 들어, 얼마 전 일본의 과학기사로 '달까지 가는 엘리베이터'를 연구한다고 들었는데 검증이 가능하면 이것은 아이니어가 되겠지만, 기술직 개빌 가능싱, 비용, 사업화 가능싱을 검증하여 문제가 있다면 아이디어가 아니라 꿈인 것이다.

과제명에서는 3번이 핵심이다. 최초이고 차별화가 가능하다는 것을 구체적으로 설명할 수 있는 문구다. 창업 아이디어의 핵심이 되는 내용이다. 더 이상 작성 방법을 설명하기 어렵다. 이 문구는 창업자 스스로 찾아내야 한다. 4번의 경우 가장 쉽다. 대략 '~시스템, ~서비스, ~제품, ~솔루션' 등 아이디어가 속한 업종의 대표 분야를 쓰면 된다.

▶ 개요도, 아이디어 정의, 창업 동기, 배경 및 필요성

개요도는 개념도, 구성도, 서비스 흐름도 등 여러 가지로 표현할 수 있다. 중요한 것은 '그림'이다. 창업 아이디어를 이해할 수 있는 그림이면 된다. 그림으로 개발하고자 하는 아이디어를 최대한 쉽게 이해시켜야 한다. 예시는 이용자 관점에서 서비스 흐름을 간단하게 표현한 것이다. 아무래도 사업계획서를 보는 사람도 처음에는 고객, 소비자, 이용자 관점에서 아이디어를 확인하니 이용자 관점에서 그림을 그리면 이해가 쉬울 수 있다. 개요도에는 정답이 없다. 어떤 제품인지, 서비스인지에 따라서 표현하는 방법이 다르다. 창업자가 자신 있는 방법을 택하면 된다.

그림 아래에 아이디어 정의를 쓴다. 보통 2~4줄 정도로 설명하면 되는데 너무 길어 봐야 읽기도 어렵고 복잡하니 너무 길게 쓰지 않는다. 개요도와 함께 아이디어 정의를 읽어 봤을 때 더 이해하기 쉽기 때문에 간단한 정의가 필요하다. 그리고 창업 동기, 배경, 필요성 등을 설명한다. 아이디어의 가능성과 추구하는 목표에 대해 거창하게 써도 된다. 다만, 현재의 문제점을 제시하면서 그 문제점을 극복할 수 있다는 내용은 꼭 쓴다. 개조식[15]으로 쓰고 3~4건 정도의 내용으로 설명하면 된다.

창업아이템의 차별성: 표, 전문용어, 기술적·사업적 측면, 특허, 자랑 등

창업 아이디어의 차별성을 설명할 때는 주로 위 표와 같은 형태로 구분하여 쓰면 이해하기 쉽다. 차별성은 독창적이고 잘난 것을 말한다. 다른 것들보다 우월하고 좋은 점을 나열해야 한다. 1개의 차별화 포인트가 핵심이 되겠지만 그것을 기술적, 사업적으로 세분하면 여러 가지가 나올 수 있다. 여러 가지 장점을 많이 쓰고 되도록 그 분야에 전문용어를 사용하여 설명하는 것이 좋다. 위 표에서 보면 니치마켓[16], 리치미디어[17], 블루오션, 캡티브 오디언스[18](Captive Audience)

---

15 개조식(個條式): 글을 쓸 때에, 앞에 번호를 붙여 가며 짧게 끊어서 중요한 요점이나 단어를 나열하는 방식. (출처: 네이버 사전)

16 니치마켓niche market: 유사한 기존 상품이 많지만 수요자가 요구하는 바로 그 상품이 없어서 공급이 틈새처럼 비어 있는 시장. (출처: 네이버 사전)

17 리치미디어rich media: 그래픽이나 플래시 기술 따위를 적용하여 기존의 오디오와 비디오에 역동적이고 다양한 정보를 양방향으로 제공하는 미디어를 이르는 말. (출처: 네이버 사전)

18 싫지만 듣지 않을 수 없는 청중(라디오·확성기를 장치한 버스의 승객 등), 어쩔 수 없이 듣고 있

라는 용어가 있는데 광고업계 종사자라면 알겠지만 일반인이 보면 생소한 용어다. 광고에 대해 전문성이 있음을 보여 줄 수 있다. 창업자가 전문성이 있다면 더 신뢰가 가는 것은 당연하다. 기술적 차별성을 설명하고자 할 때는 특허출원 내용에서 발췌하여 쓰면 좋다. 그리고 특허출원을 했다고 자랑해야 한다. 사업적 차별성은 어떻게 문제점을 해결하는지, 그것이 얼마나 시장이 큰지, 선점이 가능한지, 시장 검증이 되었는지 등 사업적 측면에서의 장점을 정리한다.

국내외 목표시장: 확실한 근거를 통해 목표 제시, 유효시장 (SAM) 구하기

개발제품이나 서비스의 수익모델을 보여 주고 제품, 서비스의 판매목표와 그 근거를 제시해야 한다. **반드시 판매가격, 판매방식, 판매량 예측 등의 논리적인 근거를 제시해야 한다.** 세계시장, 국내시장 규모를 찾아서 보여 줄 필요는 없다. 다만, 판매목표를 산정할 때 국내시장 규모에 대한 배경지식은 필요하다. 목표시장을 추정하는 방법으로 **전체시장(TAM), 유효시장(SAM), 수익시장(SOM)이라는 시장예측 접근방법을 활용하면 좋다.** 이 접근방법으로 목표시장을 예측하면 충분한 논리적 근거가 되고 사업화 가능성을 설명할 수 있다.

는 청중. (출처: 네이버 사전)

TAM(Total Addressable Market)은 전체시장으로 창업 아이디어가 속하는 비즈니스모델 전체의 시장을 말한다. 이 시장규모는 인터넷 검색을 통해 쉽게 찾을 수 있다. 중요한 것은 조사되어 공개된 시장규모 중에서도 비즈니스와 관련되어 최대한 세분화된 시장을 찾아야 한다는 것이다. 광고시장을 예로 든다면 전체 광고시장 → 디지털 광고시장 → 모바일 광고시장, 이런 식으로 점점 더 세분화된다. 인터넷에서 뉴스나 보고서를 통해 어렵지 않게 찾을 수 있는 세분 시장이 창업자에게는 전체시장(TAM)이 된다.

SAM(Service Addressable Market)은 유효시장으로 서비스가 접근할 수 있는 시장으로 앞서 구한 전체시장의 일부분인 어떤 특정 시장이다. 유효시장은 창업자의 아이디어로 비즈니스를 진행했을 때 매출이 발생할 수 있는 시장이다. 만약 창업자가 시장을 독점한다고 가정했을 때 그것이 유효시장의 최대 규모가 된다. **유효시장 규모는 인터넷을 찾아봐도 나오지 않는다. 창업자는 유효시장을 개척하기 위해 최초로 제품과 서비스를 개발했다. 유효시장은 누구도 신경쓰지 않는 시장이기 때문에 누구도 시장을 조사하지 않았다. 지금 이 시장을 보고 있는 사람은 창업자뿐이다.** 따라서 유효시장의 정의와 규모 측정은 창업자가 직접 해야 한다. 시장규모의 측정 방법은 논리적이고 객관적이어야 한다. 이것이 어려운 작업이다. 위 예시는 유효시장을 '모바일 오디오 광고시장'이라고 정의했다. 과거에 아무도 조사한 적도 없고 지금도 조사하는 곳이 없다. 모바일 오디오 광고는 팟캐스트 광고와 모바일 라디오 광고가 있다. 해당 분야 기사나 인터뷰를 통해 각 사업자들의 연간 매출을 찾아냈고 그를 근거로 유효시장을 제시했다. 연간 100억원에서 150억원 정도로 추정된다. 그 근거는 뉴스기사, 인터뷰 등이다. 때로는 인터뷰를 해야 하고, 보고서를 찾아야 하고, 도서관에서 각종 통계자료 및 정책보고서 등을 찾아봐야 한다. 그렇게 찾아낸 근거로 제시한 유효시장의 규모는 누구도 의심할 수 없는 객관적인 데이터가 되는 것이다. 그리고 향후 사업을 추진할 때에도 시장규모에 대한 기준점을 제시할 수 있어 사업계획 수립과 투자유치 활동에 유용하게 활용된다.

마지막으로 SOM(Service Obtainable Market)은 수익시장이다. 유효시장 안에서 고객 확보가 가능한, 우리 제품으로 매출이 가능한 시장을 의미한다. 나는 이것을 목표시장이라고 말한다. 목표시장 점유율은 창업자가 정하면 된다. 목표를 정하는 것도 간단한 기준을 제시해야 하고 달성할 수 있는 마케팅 방안을 간단하게 언급하는 것이 좋다.

이미지 넣기: 지금까지 준비한 것을 자랑하기

이미지가 중요하다. 개발하고자 하는 제품이나 서비스를 연상할 수 있는 최고의 이미지를 찾아 넣어야 한다. 보일 수 있는 제품이 형태가 있다면 그것을 보여 줘야 한다. 설계도면, 아이디어 스케치 등 여러 가지 자료를 활용할 수 있다. 특허등록, 특허출원이 되었다면 특허출원서, 특허등록증을 보여 줘야 한다. 예시와 같이 SW 시스템 등 지식서비스라면 플로우차트, 알고리즘, 기획문서, UI, 시스템 구성도, 비즈니스모델 이미지 등 지금까지 준비한 것을 1페이지 이내로 보여 주는 것이 좋다. 이 페이지에서 창업자가 아이디어 실현을 위해 실제 노력하고 준비했음을 보여 줘야 한다.

이로써 예비창업패키지 사업계획서 '창업아이템 요약' 페이지 작성이 완성된다. 사업계획서에서 팀 구성을 제외하고 모든 내용을 핵심적으로 설명했다. 평가위원은 여기까지 읽어 보고 합격시킬 것인지 불합격시킬 것인지 80% 이상 결정할 것이다. 이후 작성되는 5페이지는 보조일 뿐이고, 앞서 설명한 창업아이템 요약의 부연 설명이다.

예비창업패키지 사업계획서 1페이지 '문제인식' 작성 예시

1. 문제인식(Problem)

1-1. 창업아이템의 개발 동기

o 모바일 광고시장 성장 이면의 문제

모바일 광고 시장이 급격히 성장하면서 다양한 광고 사업자가 참여하여 양적으로 성장을 하고 있으나, 그 성장 이면에는 아래와 같은 문제가 발생하고 있음. 차별성 없는 모바일 광고 상품으로 무한경쟁을 하다 보니 자연스럽게 광고 단가 경쟁으로 이어져 수익성이 악화되고 더 많은 광고를 노출하다 보니 고객 거부감이 증가하고 광고 효과가 떨어지는 현상이 발생하고 있음.

참여자	문제의 핵심	문제점 순환구조
광고 사업자	무한경쟁으로 수익성악화	광고 시장의 급속한 성장 → 많은 사업자 → 차별성 부재/무한경쟁 → 광고 단가하락 → 수익성악화
광고 매체사	수익성악화 및 고객거부감증가	수익성 악화 → 더 많은 광고노출 → 고객 거부감/피로도 증가 → 고객이탈 → 매체 위험 → 수익성악화
모바일광고주	낮은 광고효과 및 의구심증가	작은 화면 → 주목도 낮음/허수클릭률(40%)/체리피커 → 광고비 증가 → 광고효과 낮음 → 의구심/불만

[모바일 광고 성장 이면에 모바일 광고 참여자별 측면의 문제점]

o 현재 모바일 광고업계의 해결방안 광고시장 전체 파이를 키우는 데 역부족

모바일 광고업계에서는 네이티브 광고와 정교화된 트래킹 솔루션을 통해 고객에게 좀 더 거부감 없이 광고를 노출하는 해결방안을 개발하고 있음. 이러한 해결방안은 그동안 양적으로 성장한 모바일 광고 산업을 질적으로 발전할 수 있는 계기가 되었음. 하지만 네이티브 광고와 트래킹 솔루션도 기존의 모바일 배너 광고의 효과 증대를 위한 솔루션으로, 모바일 광고시장 전체 파이를 키울 수 있는 새로운 유형의 모바일 광고 상품이라고 볼 수 없다는 것이 한계임.

o 광고 솔루션보다는 '새로운 광고 서비스 필요' : 모바일 오디오 광고

국내에서도 네이티브 광고, 트래킹 솔루션 등 기존 모바일 광고 서비스의 효과 증대를 위한 기술개발에 투자하는 것도 중요하겠지만, 지금 더 중요한 것은 솔루션보다는 모바일 광고 시장의 전체 파이를 키우고, 국내 특허기술을 이용한 서비스로 해외 진출도 가능한 '차별된 새로운 유형의 모바일 오디오 광고 서비스'를 개발하여 모바일 광고 산업 활성화에 기여하는 것이 더 중요함.

o 연간 2,304억원 규모의 새로운 모바일 오디오 광고 시장 창출

스마트폰에서의 오디오 광고는 팟캐스트 음원 파일에 오디오 광고를 삽입하는 형태와 라디오앱 청취 시 방송되는 오디오 광고가 있으나 일반적으로 기존 라디오 광고의 추가 노출 정도에 그치고 있음. 최근 무료 뮤직스트리밍앱이 등장. 모바일 오디오 광고라는 새로운 시장(연간 최대 2,304억원 규모의 시장)을 창출할 것으로 기대.

1-2. 창업아이템의 목적(필요성)

우리의 기술이 모바일 광고 서비스 분야에서만큼은 세계적 기업들과 차별화되거나 경쟁력을 갖추지 못해 해외 기술을 모방한 모바일 광고 서비스가 주류를 이루고 있었는데 국내기술로 '모바일 네이티브 오디오 광고'라는 새로운 시장을 창출하여 국내 모바일 광고 산업을 진흥하고, 해외 진출을 통해 국가 경쟁력 제고.

순번	필요성	상세 내용
1	모바일 오디오 광고라는 **신시장 창출**	– 모바일 네이티브 오디오 광고라는 새로운 시장 창출 – 리치미디어를 활용한 주목도 높은 새로운 프리미엄 광고
2	빠른 상용화 및 국내 광고 산업의 **시장규모 확대**	– 국내 모바일 광고 산업의 규모를 키우는 Key 서비스 – 연간 최대 2,300억원 규모의 시장 형성
3	국내기술로 모바일 광고 서비스 **해외진출**	– 국내독자기술(특허)로 개발된 플랫폼과 비즈니스모델 – 국내 서비스 성공을 통한 빠른 해외 진출

[모바일 오디오 광고 사업화의 필요성]

o 혁신적인 새로운 모바일 광고 서비스 개발 필요

기존의 무료 스트리밍 앱, 리워드 형 뮤직플레이어 앱, 팟캐스트 앱, 라디오 앱 등은 별도의 서비스 앱을 개발하여 자체의 비용으로 회원을 모집하고, 또 매체사가 자체적으로 광고 영업을 진행하여 광고를 수집하고 난 뒤 회원이 앱을 실행하여 광고에 반응할 때 수익을 창출할 수 있는 방식인 데 비하여, **이어폰 연결 기반 모바일 오디오 광고 서비스는 기존의 네트워크형 모바일 광고 서비스와 마찬가지로 매체사가 오디오 광고 SDK를 탑재하기만 하면 매체사가 직접 광고 영업을 할 필요가 없고 매체 앱의 실행과 관계없이 이용자가 이어폰을 꽂는 순간 오디오 광고가 송출되고 광고 수익이 발생되는 모델로 매체사가 쉽게 참여할 수 있고 매체 앱의 자체 서비스를 전혀 방해하지 않는 것이 특징.**

o 해외 진출 목표

모바일 오디오 광고 분야라는 차별성과 이어폰 연결을 기반으로 하는 독창적 광고를 기반. 기존 배너 광고 시스템과 개념이 유사하여 이해가 쉽고 매체 적용이 용이하고 명확한 비즈니스모델과 수익모델을 갖고 있기 때문에 충분히 해외 진출이 가능함.

[예비창업패키지 사업계획서 '문제인식' 작성 샘플]

예비창업패키지 사업계획서 '문제인식' 작성 방법

　문제인식 부분은 창업아이템 개발 동기와 개발 필요성 부분으로 구성되어 있다. 페이지 수는 1~2페이지로 작성하면 되는데 최대 2페이지까지만 작성한다. 창업아이템 개발 동기는 위 예시와 같이 ① 현재의 2~3가지 문제점, ② 해결방안, ③ 시장규모를 제시하면 된다.

　문제점은 사업계획서 분량 때문에 창업아이템 요약 부분에서는 설명하지 못했다. 대신 본문에서 문제점을 상세하게 설명한다. 문제점이 비교적 크고 심각하다고 쓰는 것이 좋다. 그래야 해결할 가치가 있는 것이다. 예시에서는 서비스 프로세스상의 전반적인 문제가 구조적으로 발생함을 보여 주고 있다. 구조적인 문제는 누가 보더라도 심각한 것이다. 구조적 문제를 해결하지 않으면 결국 시스템은 폭발한다. 그 때문에 구조적 문제를 제시하면 심각성을 보여 주기에 좋다. 두 번째로 제시한 것은 시장 파이(pie)에 대한 문제이다. 신규시장을 창출하면 경쟁이 덜하고 수익성이 좋아지는데 그것을 고민하지 않고 레드오션 시장에서만 티격태격하고 있으니 이것 또한 근본적으로 해결해야 할 문제로 인식된다.

　이런 예시를 통해 창업자도 현재의 문제점을 도출할 수 있다. 그리고 그 문제의 해결방안을 제시해야 한다. 그 해결방안이 결국 창업자가 개발하는 기술과 서비스다. 해결방안으로 창출한 신규시장은 블루오션이라는 것을 강조해야 한다. 해결방안에서는 개념만을 설명하고 그 상세한 개발 내역은 다음 페이지인 '실현가능성'에서 작성한다. 창업아이템의 목적(필요성)은 위와 같이 간단한 표로 설명하면 좋다. 당연히 문제점을 해결해야 되는 것이고, 그것이 거대한 신규시장을 창출하고 독창적이고 경쟁력이 있어서 해외 진출이 가능하다고 쓰면 좋다. 또는 국내시장의 일정 부분을 독점할 수 있고 시장 확대를 통해 다양한 부분에 파급효과가 발생할 수 있다고 설명하는 것이 좋다.

만약 사업계획서를 작성하면서 써야 할 항목이 생각나지 않거나 어려우면 앞의 예시에 있는 소제목과 표 등의 틀만 그대로 이용해 작성해도 된다.

예비창업패키지 사업계획서 2페이지 '실현가능성' 작성 예시

2. 실현가능성(Solution)

2-1. 창업아이템의 개발·사업화 전략

o 세계 최초의 이어폰 연결음을 기반으로 하는 모바일 오디오 광고 시스템 개발

스마트폰에 이어폰 연결 후 실행할 앱을 선택하기 위해 내비게이션 하는 준비 시간이
약 10초(이하, '대기시간'이라 함) 내외임. 이용자가 이어폰은 귀에 꽂고 있는 상태에
서 주목도가 매우 높은 이 대기시간을 모바일 오디오 서비스 채널(새로운 Rich Media)
로 활용. 이어폰을 이용할 때 뉴스, 날씨, 인사, 생활 정보, 네이티브 광고(Native AD)
등 짧은 오디오 멘트와 관련 push 메시지를 전달

o 서비스 제공방법: 제휴(매체) 앱에 이어링 광고SDK를 탑재하여 서비스 제공

이어폰을 연결할 때, 자동으로 오디오 멘트 또는 네이티브 광고가 고객에게 송출될 수
있도록 이어링(earing) SDK를 개발하여 제휴 매체에 탑재하고, 업데이트하면 이용자 대
상으로 오디오 멘트 서비스가 제공됨.

o 힐링멘트(네이티브광고) 송출: 아침/저녁 시간대에 힐링멘트, 오후에는 광고

아침 출근/등교 시간과 늦은 저녁 귀가 시간에 이어폰을 꽂을 때는 이용자에게 힘이
되는 인사, 격려, 위로 등의 오디오 힐링멘트를 제공하고 그 외 시간에 네이티브 오디
오 광고를 전달함. 하루 1인 최대 3회까지만 이어링 콘텐츠 노출.

o 비즈니스모델 = 매체사:대행사:운영사 = 40%:30%:30%

[이어링 비즈니스모델]

이어링 비즈니스모델은 일반적
인 모바일 배너 광고 비즈니스
와 동일함. 그림과 같이 이어링
SDK를 탑재한 제휴 앱을 통해
서 고객에게 네이티브 오디오
광고가 노출되면 건당 20원 광
고비가 발생함. 매체사, 대행사,
운영사가 각각 40%:30%:30%
로 광고수익 셰어

〈 사업 추진일정 〉

추진내용	추진기간	세부내용
아이템기획, 특허출원	'19년 1월~'19년 6월(과거)	- 3개월간 아이템기획, 아이템관련 업계 관계자 의견 수렴, **특허출원(1020140087562)** - 창업아이디어 경진대회, 창업교육 참여
시스템개발기획	'19년 7월~'19년 12월(과거)	- 최종 14차버전 시스템개발기획완료 - 테스트용 서버시스템 구축완료 - 개발, 기획, 디자이너 인력 확보
베타개발, 테스트 **(현재 진행 중)**	'20년 1월~'20년 3월(현재)	- **시스템프로토타입 개발 완료** - **내부베타테스트 완료/보완/수정 진행**
시스템 상세 개발	'20년 4월~'20년 8월	- 전체기능설계, 광고실행 알고리즘 설계 - SDK기능정의구현, 광고DB설계, 서버API, 광고 리포트, 광고 서버 설계 및 구현, 광고관리자
제휴 및 영업, 마케팅	'20년 9월~'20년 12월	- 모바일광고 앱, 라디오 앱, 폰 꾸미기 앱, 동영상 앱, 포인트 앱, 생산성 앱 등 제휴 추진
오픈베타진행	'21년 1월~	- 상용오픈베타 최소 6개월 진행 - 시스템 효과 검증 완료

2-2. 창업아이템의 시장분석 및 경쟁력 확보방안

o 세계최초로 적용되는 모바일 네이티브 오디오 광고 시스템이라는 차별성 확보

구분	내용
창의적 리치미디어 활용	이어폰 연결 후 10초의 대기시간을 리치미디어로 활용한 광고시스템
국내외 특허출원	국내외 특허출원 완료
이용자 거부감 최소화	자연스러운 광고를 위해 '힐링멘트' 적용, 노출 횟수 제한, SKIP 기능 지원
매체 방해 없는 적용	매체앱의 화면변경 필요 없이 손쉬운 SDK 적용, 매체 실행과 관계없는 서비스
네이티브 오디오 광고	힐링멘트라는 기본 콘텐츠를 활용한 네이티브 오디오 광고

[아이템의 독창성 • 신규성 • 차별성]

o 사업화 기술의 핵심 경쟁요소

니치마켓/블루오션	**최초의 모바일 네이티브 오디오 광고 서비스**, 년간 2,300억원(세계 70억$)
새로운 리치 미디어	이어폰연결음 이라는 새로운 매체, 오디오+Push 형태의 복합 미디어
Catpive Audience	아무도 피할 수 없는 광고, The only pathway (유일한 길목)형 광고
독점서비스	국내특허출원, PCT 출원 및 해외 주요 10개국 특허 출원 예정
효과 검증 완료	**광고의 청취 완료율 80%** [2] CTR 11% 모바일 배너 광고 28.9배 (평균 0.38% [3]),
빠른 제휴 및 시장 장악	소수의 매체(10개)만 참여하여 전체 시장커버, 네트워크형 플랫폼, 4~5배 수익
협상 주도권 확보	소수의 매체만 선착순으로 제휴 (초기 제휴 우선 순위에 따라 이용자 확보)
차별화된 티켓팅 기술	이용자 특정 설치앱 포함/제외 티켓팅, 시간대별, 제휴매체별 티켓팅

[예비창업패키지 사업계획서 '실현가능성' 작성 샘플]

예비창업패키지 사업계획서 '실현가능성' 작성 방법

실현가능성 부분은 개발·사업화 전략과 시장분석 및 경쟁력 확보 방안에 대해서 설명해야 한다. 개발방안은 이미 창업아이템 요약에서 작성한 개발서비스 개요를 다시 한번 상세하게 설명하는 것이다. 개요의 내용을 보완하고 부연 설명하면 된다. 내용을 읽었을 때 최대한 이해하기 쉽도록 예시 등을 포함하여 설명하는 것이 좋다. 그 외 서비스나 제품에서 특별히 차별화되고 독특한 부분을 한두 가지 찾아서 그것을 기술적으로 설명해 준다. 그리고 비즈니스모델, 수익모델을 설명해 준다. 비즈니스모델은 위 그림과 같이 표현해서 최대한 수치로 표현해서 작성해 주는 것이 좋다. 마지막으로 〈사업 추진 일정〉에서는 과거, 현재, 미래로 나누어 해당 내용을 작성한다. 세부 내용은 상세하게 적고, 그 내용을 읽어 봤을 때 사업의 준비가 많이 되어 있다고 느낄 수 있도록 해야 한다. 예시를 보면 '3개월간 아이템 기획'이라는 내용이 있다. 별 내용이 아닌 것 같지만 그냥 '아이템 기획보다'는 '3개월간'이라고 실제 기획한 기간을 설명해 주기 때문에 더 믿음을 줄 수 있다. 사업 추진 일정이라고 해서 쉽게 건너뛰어도 되는 정도로 생각하고 한 줄로 작성하는 것보다는 과거와 현재 그리고 미래의 업무를 상세하게 적어 놓으면 훨씬 좋은 평가를 받을 수 있다.

아이템의 시장분석 및 경쟁력 확보방안 부분에서는 다른 제품이나 서비스보다 우수한 점을 적으면 되는데 그것을 기술적 측면 위주로 쓰는 것이 좋다. 다만 기술적인 우수성을 찾아내는 것이 쉽지 않다. 그때는 사업적 측면에서 우수성 위주로 쓰고 상세 설명을 통해서 기술적인 내용을 부연 설명하는 것이 좋다. 위와 같은 표를 만들어 설명하면 이해하기 더 쉽다.

예비창업패키지 사업계획서 3~4페이지 '성장전략' 작성 예시

3. 성장전략(Scale-up)

3-1. 자금소요 및 조달계획

O 현재 보유한 자기자본 활용
- 현재 창업을 위해 모아 둔 1,000만원으로 창업 초기 필요한 자금 집행
O 청년창업지원금 등 정부정책지원 통한 자금 확보
- 창조경제혁신센터 등 창업사업화 지원사업에 지원하여 사업화지원 자금 확보
- 인건비 지원사업 신청 : 일자리안정자금, 청년추가고용장려금 등 지원
O 중소벤처기업진흥공단 청년전용창업자금, 기술보증기금 기술평가보증 대출 (1억원)
- 지역 중소벤처기업진흥공단 및 기술보증기금 방문하여 대출상담 진행
O 엑셀러레이터, 엔젤투자 유치는 계속 진행 (투자설명회 참여)
- K스타트업, 창조경제혁신센터 홈페이지 통해 투자유치설명회 정보 수집

〈 사업화자금 집행계획 〉

비 목	산출근거	금액(원)

인건비	• 팀원1 홍길동 240만원 × 10개월 = 2,400만원
	  - 시스템개발, 제품개발, 설계 담당
	• 팀원2 이순신 240만원 × 10개월 = 2,400만원
	  - 마케팅, 기획, 사업화전략 담당
		48,000,000

외주용역비	• 제품(서비스) 앱용 디자인 1식 외주비 = 400만원
	  - 1개월간 작업완료조건, 시안 3건, 모바일웹 퍼블리싱 포함
	• 모바일 웹, 안드로이드 앱 코딩, 서버 및 DB 개발 =1,600만원
	  - 4M/M 투입 * 500만원 = 2000만원 중 400만원 할인
	  - 1년간 유지보수 조건 포함, 서버임대포함, 추가개발 3건 포함
		20,000,000

기계장치	• 개발용 PC 1세트 300만원 × 1세트 = 300만원 (SW포함) • 개발용 노트북 1세트 300만원 × 1세트 = 300만원 (SW포함) • 개발 테스트용 스마트폰 중고 50만원 × 2EA = 100만원	7,000,000
무형자산 취득비	• 특허출원 150만원 × 1건 = 150만원 (관납료 포함) • 상표출원 30만원 × 1건 = 30만원 (관납료 포함) • 프로그램 등록 20건 × 2건 = 20만원	2,000,000
지급수수료	• 사무실 임대비 50만원 × 9개월 = 450만원 • 멘토링비 30만원 × 10회 = 300만원 - 기술개발자문, 사업화(마케팅)자문, 정부지원사업 자문 • 회계감사비 : 50만원 ×1회 =50만원 (필수)	8,000,000
광고선전비	• 인스타그램 마케팅 100만원 × 3회 = 300만원 (3만명 이상) • 페이스북 마케팅 100만원 × 2회 = 200만원 (2만명 이상) • 블로그 마케팅 30만원 × 10회 = 300만 (건수 100건 이상) • 팟캐스트 오디오 광고 진행 1회(10회 노출) 200만원	10,000,000
창업활동비	• 창업활동비 50만원 ×10개월 =500만원 (필수)	5,000,000
합 계		100,000,000

3-2. 시장진입 및 성과창출 전략

3-2-1. 내수시장 확보 방안
ㅇ 개발완료 후 무료 서비스 진행, 그리고 1년 후 매출 목표 : 18억원

제휴매체순위		예상이용자 (천명)	연간 광고건수 (전건)	연간광고비 (천원)	순매출 (천원)	현재 상황
1	SBSOOO	1,000	150,000	1,500,000	450,000	제휴완료
2	OOODMB	1,000	150,000	1,500,000	450,000	1차 제안
3	팟캐스트	200	30,000	300,000	90,000	메일 제안
4	두OOO	500	75,000	750,000	225,000	구두협의
5	솜OO	300	45,000	450,000	135,000	-
6	MBCOOO	1,000	150,000	1,500,000	450,000	1차 제안
합계		4,000	600,000	6,000,000	1,800,000	

[기술개발 후 1년간 국내·외 주요 제휴처와 목표 매출]

ㅇ 광고주 확보를 위한 미디어렙사 제휴 완료
광고 영업대행사 제휴 전략 : 영업대행수수료 최대 30% 지급 제안, 업계 최고 수준
사업 초기에는 많은 제휴사보다는 소수의 제휴사에 집중하여 서비스 제공하는 것이 바
람직함. 현재 아래와 같이 두세 군데와 광고 영업 관련 논의를 진행하고 있음.

구분	대상업체	특징	제휴조건	비고
미디어렙사	나스OOO	국내 디지털미디어 광고 대행 1위사업자	30%	매체만 확보되면 광고 집행 가능 1차 미팅완료
모바일광고대행사	에스앤디OOO 엠클라우드OOO	모바일 쇼핑/커머스 광고 관련 1위 대행사	30%	

[모바일 광고 대행사 contact 현황]

3-2-2. 해외시장 진출 방안

국내 사업의 성공적 론칭 후 1년간 사업 진행 후 본격적으로 해외 진출 추진.
ㅇ 해외 특허출원을 통한 지식재산권 확보
 - PCT출원보다 중국, 미국, 일본 3개국에 직접 특허출원, 약 1,500만원 소요 예상
 - 관련하여 지역지식재산센터 IP지원사업을 통해 지원가능. 현재 변리사 멘토링 중
ㅇ 글로벌 창업지원사업 조사 및 신청 / 해외 엑셀러레이팅 프로그램 활용
 - K스타트업 글로벌 창업지원사업과 지역창조경제혁신센터 글로벌 창업지원사업 활용
 - 중국 엑셀러레이팅 지원사업, 실리콘밸리 KIC 스타트업 지원사업 활용 등
 - 코트라 해외 진출 사업 활용
ㅇ 해외 사업제안을 위해 서비스, 제품에 3가지 언어 추가(영어, 중국어, 일본어)
 - 시스템 자체, 언어별 매뉴얼, 사업소개서, 브로슈어 제작

[예비창업패키지 사업계획서 '성장전략' 작성 샘플]

예비창업패키지 사업계획서 '성장전략' 작성 방법

창업자가 솔직히 돈이 어디 있나? 없다. 그래서 사업계획서를 작성한다. **자금을 조달하는 방법은 ① 약간의 자기자본(1,000만원 내외), ② 창업지원금, ③ 창업자금대출, ④ 투자유치(예비창업자에게는 불가능에 가까운) 등 4가지다. 이것 말고는 없다. 자금소요 및 조달계획에서는 이 4가지에 대하여 간략하게 정리하면 된다. 잘 모르면 이 형식을 무조건 따라도 무방하다.** 혹시 모아 둔 돈이 1억원 이상 있더라도 그걸 굳이 자랑할 필요는 없을 것 같다. 모아 둔 자기자본은 창업하는 데 필요한 최소한의 자금으로 활용하겠다는 의지를 보여 주는 것만으로 된다.

자금소요 및 조달계획에서는 양식 내에 있는 표 〈사업화자금 집행계획〉이 가장 중요하다. 정부에서 창업지원금을 주었을 때 어떻게 쓸 것인지 계획을 제출하는 것인데 많은 예비창업자들이 이것을 대충 쓴다. 그런 사업계획서는 신뢰도가 떨어진다. 매우 구체적으로 써야 한다. 설명을 구체적으로 하고 계산식을 넣는다. 예산 총액은 최대 지원금액에 맞추는 것이 낫다. 최대 지원금액이 1억원인데 5,000만 원만 쓰는 창업자도 있는데 굳이 적은 금액을 넣는다고 해서 유리한 것은 아니다. 나중에 최종 합격통보를 받을 때 대부분 지원금액이 깎인다. 최대 1억원을 지원하는 창업지원사업이려면 사업계획서 신청 시 최대 지원금액인 1억원으로 예산을 계획해야 한다. 그래야 최대 1억원을 받을 수 있는 기회라도 있는 것이다.

사업화자금 집행계획표 왼쪽 상단에 '비목'이라는 것이 있는데 총 10가지 비목이다. 그 비목의 종류에 따라서 산출근거를 작성하면 된다. 사업계획서 양식에는 해당 '비목'의 정의 및 사용방법에 대해서 정확히 나와 있지 않다. 그래서 다음과 같이 [예비창업패키지 창업기업 사업비 집행 기준] 표를 제시했으니 참고하여 작성하기 바란다. 아래 비목 내용을 확인하고 사업화자금 집행계획을 최대한 상세하게 작성해야 한다.

　　내수시장 확보방안은 전체 매출계획을 작성하는 것도 좋지만 제품이 완성되었을 때 초기시장에 어떻게 침투할 수 있는지 '초기시장 침투전략'을 제시해야 한다. 초기시장에 침투하기 위해서 수익모델, 가격, 매출목표, 이익률을 제시하고 누구에게 제품을 팔 것인지를 명시하고 현재까지 진행사항을 설명해야 한다. 오로지 계획만 쓰는 것보다는 지금까지 준비하고 진행해 온 내용을 구체적으로 작성해야 한다. 위 예시에서는 제휴 매체 영업현황과 광고주 영업현황을 구체적으로 제시했다. 누구와 사업화 논의를 하고 있는지 최대한 구체적으로 써야 한다.

　　사실 예비창업자가 해외 진출까지 생각할 수 있는 여력은 없다. 혹시 아이템이 해외고객을 타깃으로 한다면 해외 진출계획을 상세하게 제시해야 한다. 현재 영업이 진행 중이거나 추진된 사항이 있다면 꼭 상세하게 적는 게 유리하다. 그러나 예비창업자 대부분은 국내 사업도 버겁다. 평가위원도 이 정도는 감안하여 평가하기 때문에 너무 걱정할 필요는 없다. 다만, 해외 진출할 계획이 없다면 해외 진출을 위한 꿈이라도 적는 것이 좋다. 예시와 같이 간단하게 해외 특허출원, 해외 진출 지원사업 활용, 제품 및 서비스의 해외향 업데이트 계획 정도를 설명하면 된다.

구분	비목	창업 사업비 집행기준
직접 비용	재료비	- 시제품을 제작하는 데 소용되는 재료 및 원료
	외주용역비	- 외부업체(사업자등록증 등록업체)에 의뢰 · 제작하는 비용 - 외주 전문 업체는 1년 이상 경험 보유
	기계장치 (공구 · 기구 · 비품 · SW등)	- 사업화를 위해 필요한 반영구적으로 이용 가능한 기계, 설비, 비품 - 개인용 PC, 노트북, 사무용복합기, OA기기, 범용 SW 구입도 가능
	특허권 등 무 형자산 취득비	- 창업과 관련 있는 지식재산권(산업재산권, 특허출원 및 등록비, SW등록 저작권)을 출원 · 등록하는 실 소요비용
	인건비	- 창업기업 소속직원 인건비, 4대보험료 회사부담금 포함 (대표자 제외) - 소득이 없었던 신규직원의 월 최대 인건비: 제조업 월 2,264천 원, 지식서비스 월 2,490천원
	지급수수료	- 기술이전비: 창업아이템과 직접 관련 있는 기술이전비(법으로 보장되는 이전) - 학회(세미나)참가비: 참가비, 등록비 - 전시회(박람회)참가비: 참가등록비, 부스임차비, 장치비, 통역비 - 시험 · 인증비: 제품, 시스템, 기업 인증에 소요되는 비 - 멘토링비: 전문가로부터 자문 및 멘토링 받는 비용, 멘토링비 1 인 1일 평균 3시간 30만~50만원 책정하여 집행 - 기자재임차비: 1개월 이상 사용할 수 있는 기기, 장비 임대비 - 사무실임대료: 창업공간 월 임대료 (사업자등록증 주소지) - 운반비, 보험료, 보관료 - 법인설립비: 온라인법인설립시스템(www.startbiz.go.kr)을 이 용하여 법인설립 - 회계감사비: 회계감사보고서 50만원 필수 계산

직접 비용	여비(해외)	– 타 국가로 출장에 사용되는 이동수단에 대한 비용 항공료 또는 선박료
	교육훈련비	– 4대보험 가입된 임직원의 기술 및 경영교육 이수(완료) 시 집행 비용
	광고선전비	– 홈페이지 제작비, 홍보영상, 홍모물제작, 포장디자인, 배너광고 등 마케팅에 소요되는 비용 ※마케팅 대행을 통한 마케팅 홍보는 '외주용역비'로 집행
간접 비용	창업활동비	– 매월 50만원 필수 계산
공통	비교견적서: 2,000만원 이상 거래하는 경우 제출 필요	

[예비창업패키지 창업기업 사업비 집행 기준]

4. 팀 구성(Team)

4-1. 대표자 및 팀원의 보유역량

○ 대표자 현황 및 역량

구분	시기	내용	주요 역량
학력	2006~2010	OO대학교 전자공학과 학사	① SW전공, 경진대회 3회 입상 ② 해외 SW개발연수, 인턴 참여
	2011~2014	OO대학교 OO대학원 석사	① 관련분야 전문가, 석사학위 취득 (지도교수:OOO) ② OO 프로젝트 참여, 목표달성 ③ 창업프로그램 교육 이수, OO프로그램 개발 런칭
경력	2015~2017	(주)OOO 연구소 연구원	① OO, OO, OO 프로그램 개발 참여 ② OO분야 전문가
	2017~2019	(주)OOO 개발팀 대리	①OO, OO, OO 프로그램 개발 참여 ② OO분야 최고 전문가
기타	2019~	창조경제혁신센터	창업교육이수 1회, OO기술 교육과정 이수
		특허출원	현재 창업아이디어 OOO 특허출원
		SW프로그램 등록	OO프로그램 개발하여 저작권 등록
		창업경진대회	OO해커톤 대회 참여 입상

○ 팀원현황 및 역량

순번	직급	성명	주요 담당업무	경력 및 학력 등	채용 시기
1	과장	OOO	S/W 개발, R&D CTO 역할	①컴퓨터공학 박사 ②OO연구원 경력 10년 ③OO프로그램 전문가, 담당	'20.5
2	대리	XXX	해외 영업(베트남, 인도) CMO 역할	①OO기업 해외영업 경력 8년 ②OO프로그램 담당자 경험 ③OO대학원 석사	'20.5

○ 추가 인력 고용계획

순번	주요 담당업무	요구되는 경력 및 학력 등	채용 시기
1	S/W 개발	IT분야 전공 학사 이상	'20.8
2	해외 영업(베트남, 인도네시아)	글로벌 업무를 위해 영어회화가 능통한 자	'20.8

○ 업무파트너(협력기업 등) 현황 및 역량

순번	파트너명	주요역량	주요 협력사항	비고
1	OO전자	제품 및 서비스 테스트	테스트 장비 지원	'20.9
2	(주)OO	제품구매력	테스트 제품 구매	'20.9

[예비창업패키지 사업계획서 '팀 구성' 작성 샘플]

예비창업패키지 사업계획서 '팀 구성' 작성 방법

예비창업패키지 사업계획서의 '대표자 역량과 팀 구성' 부분이 창업아이템 요약 부분 다음으로 중요하다. 최대한 창업자와 팀원의 능력이 잘 부각되도록 써야 한다. 대표자 현황 및 역량을 개조식으로 쓴다. 학력, 경력, 자격증 등 이력서에 쓰는 것처럼 쓰면 되는데 자랑을 해야 한다. 어떤 경험을 했는지가 중요하다. 창업하고자 하는 아이템과 관련하여 경험이 많으면 많을수록 좋다. 학사보다는 석사가, 석사보다는 박사가 더 전문가다. 석사나 박사라면 연구실에서 참여한 프로젝트까지 나열하면서 전문가임을 알릴 필요가 있다. 해외에서 공부한 경험이나 해외에서 프로젝트 참여한 경험, 언어 능력도 충분히 알릴 수 있는 내용이다. 교내외 창업경진대회, 창업동아리 등 활동 내역도 괜찮다. **직장 생활을 하면서 창업아이템과 유사한 업종을 경험했다면 매우 돋보이게 써야 한다. 해당 업종에 경험이 있다는 것은 굉장히 중요한 포인트다.**

예시처럼 표를 만들어서 작성하고 중요한 부분은 볼드체와 빨간색 밑줄 등으로 강조한다. 팀원 역량도 마찬가지다. 팀원 역량은 정해진 표에 내용을 입력해야 하는데, 대표자처럼 역량을 많이 쓸 수 있다면 칸을 늘려 써야 한다. 표에 있는 형식대로 쓸 필요는 없다. **팀 구성에서 보여 줘야 하는 것은 '우리가 잘났다!'라는 것이다.** 몇 줄만 쓰고서는 그 내용을 다 설명하기 어렵다. 팀원의 역량도 대표자의 역량과 같이 최대한 많이 쓰고 창업아이템과 매칭되는 역량은 반드시 자랑해야 한다.

추가 인력 고용계획은 2~3명을 쓴다. 사업계획서를 작성하는 순간에는 현재 있는 팀 구성만으로만 사업추진이 가능하다고 생각할 수 있다. 그런데 사업이 잘되면 3명으로만 할 수는 없다. 사업이 잘 안되면 3명도 많다. 우리 사업계획서는 사업이 잘된다고 주장하는 사업계획서다. 그런데 사람이 추가로 필요하지 않다면 모순이다. 혹시 사업이 잘되어도 실제로 추가 고용이 필요 없을 수도 있다. 하지만 그것은 미덕이 아니다. 고용 창출해서 지역사업에 이바지하는 것도 기업에 필요한 덕목이라고 할 수 있다. 그러니 추가 인력 고용계획에는 2~3명 정도 써 주는 것이 좋다. 그리고 정부지원사업은 고용 창출을 매우 중요한 평가요소로 여긴다.

업무파트너(협력기업 등) 현황 및 역량도 최대한 많이 써야 한다. 현재 거래하고 있는 업체를 써야 한다. 예비창업자가 거래업체가 어디 있겠나? 당연히 없다. 그럼 무엇을 적어야 하나? 대표자나 팀원의 경력과 경험으로 향후 거래 가능한 업체가 있을 것이다. 창업아이템과 관련하여 협력할 수 있다고 생각하는, 계획하는 기업이 있다면 모두 쓸 수 있다. 계획이고 예정이다. 아무것도 안 쓰면 계획도 없고 예정도 없는 것 아닌가? 당장의 것이 아닌 나중에 협력할 수 있는 역량을 적어 주면 된다.

여기까지 작성하면 예비창업패키지 사업계획서 본문을 모두 쓴 것이다. 이후 증빙서류를 통해 보충 설명을 하게 되면 최종 합격할 수 있는 사업계획서가 될 것이다.

가점 및 추가 증빙서류(참고자료)

예비창업패키지 사업계획서에 가점서류 3가지와 참고자료를 포함해서 4가지를 제출할 수 있다. 가점서류는 예비창업패키지 팀창업 신청서(2점), 특허권·실용신안등록원부(1점), 최근 2년 중앙정부 주관 전국규모 창업경진대회 입상실적증명원(1점) 등 3가지이고 최대 가점은 4점이다. 팀창업 신청서는 팀창업이면 작성하여 제출하면 되고 나머지는 자료가 있으면 제출하면 된다. 특히 특허권과 전국창업대회 입상실적은 금방 만들어 낼 수 있는 것도 아니다. **그런데 가점 때문에 너무 걱정하지 마라. 가점은 예비창업패키지 선정할 때 크게 중요하지 않다.** 가점이 낮아서 합격해야 할 창업아이템이 탈락되는 경우는 없다고 생각하면 된다. 창업아이템이 좋고 사업계획서만 잘 쓰면 가점이 없어도 충분히 합격할 수 있다.

가점 증빙서류보다 훨씬 중요한 것이 '참고자료'다. 창업아이템을 설명하기 위해 필요한 도면, 설계도 등도 참고자료다. 사업계획서에서 추가 설명하고 싶었던 자료를 최대한 많이 넣어서 평가위원의 이해를 도와야 한다. 가점서류로 인정받지 못했던 특허출원서와 중앙 정부가 아닌 지역 단위 창업경진대회 입상실적도 참고자료에 넣을 수 있다. 서비스 시나리오, 알고리즘, 제품디자인, 도면, 시스템 구성도, DB테이블, UI기획자료 등 사업설명서 및 소개서로 작성한 PPT 자료 중에서 설명하기 좋은 이미지 자료 등도 참고자료가 될 수 있다. 형식에도 구애받지 않으니 얼마나 좋은가? 10페이지까지 추가해도 상관없다. 참고자료를 통해서 창업자가 사업화를 위해 준비를 많이 했고 어느 정도 성과를 달성하고 있으며 역량이 충분하다는 것을 확실히 증명해 줄 수 있다. 참고자료는 평가위원 상세하게 읽지 않고 훑어보기 때문에 참고자료별 제목을 큰 볼드체로 쓰고 이미지 자료를 추가하는 형태로 작성하면 된다.

이상으로 간단하게 합격하는 예비창업패키지 사업계획서 작성 방법을 설명했다. 창업아이템 요약 부분이 제일 중요하다. 나머지 본문은 형식에 맞춰 작성하고 특히 팀 구성에 있어서 대표자와 팀원의 역량을 구체적으로 설명하여 신뢰를 받는 것이 유리하다고 하였다. 마지막으로 가점은 크게 중요하지 않으니 가점이 없어도 실망할 필요가 없고 오히려 참고자료를 통해서 그동안 창업아이템과 관련해 진행해 온 내용과 결과물을 분량과 관계없이 보여 주는 것이 중요하다고 하였다. **예비창업패키지 사업계획서를 작성할 때 '합격하는 예비창업패키지 사업계획서 작성 방법' 부분을 참고하여 작성하면 훨씬 우수한 사업계획서를 작성할 수 있을 것이다. 또 중소기업 정부지원 사업계획서 작성의 최고 지침서인 『초보창업자도 100% 성공하는 정부지원사업 합격 사업계획서 쓰는 법』을 참고한다면 반드시 합격할 수 있을 것이다.**

(3) 창업지원사업 100% 합격하는 방법

┌─○ 핵심 요약 ○─────────────────────────────────┐

• 무료 특허출원 지원사업을 활용해서 특허를 출원한다.

• 위 합격하는 사업계획서 작성 방법에 따라 사업계획서를 작성하고 합격할 때까지 계속
  신청하는 것이 100% 합격하는 유일한 방법이다.
└───┘

특허출원 하면 매우 유리

개발하고자 하는 아이디어가 특허등록이 되어 있으면 훨씬 좋다. 창업지원사업에서 특허나 실용신안이 등록되어 있으면 가점이 1점이다. 하지만 특허등록은 시간도 오래 걸리고 꼭 등록된다는 보장도 없다. 그래도 아이디어가 최초이고 가치가 있음을 증명하기 위해서 특허출원을 진행하고 사업계획서를 제출하면 유리하다.

특허출원을 할 때 두 가지가 걱정된다. 하나는 '내 아이디어가 특허등록이 될까?' 둘째, '특허출원 비용이 없는데 어떡하지?' 이 두 가지다. 특허 등록률은 대략 50%가 넘는다. 다만 등록된 특허가 얼마나 강력한지는 다른 문제다. 로열티를 받을 수 있는 특허는 별로 없다. 그런 정도의 특허가 아니라면 특허등록은 될 수 있다. 다만 특허등록은 변리사의 영역이니 창업자가 직접 하지 말고 변리사에게 맡기는 것이 낫다. 참고로 나도 2014년 이후로 4건의 특허를 출원해서 3건은 등록시켰고 1건은 중간에 포기했다. 둘째, 비용에 관한 것이다.

특허출원 비용은 변리사 비용과 관납료를 포함해서 대략 150만원 내외이다. 꽤 큰돈이다. 그런데 특허기술이 우수한 것이라면 이 비용도 정부지원사업으로 지원하고 있다. 최근에는 특허출원 지원사업이 늘어나는 추세다. 그리고 등록될 경우 성공보수와 관납료로 약 150만원 정도 추가 소요되는데, 그것은 매우 나중 일이니 미리 걱정하지 말자. 그때는 창업해서 번 돈으로 내면 된다.

특허출원 비용 지원받기

좋은 아이디어에 대해 특허출원비를 지원받는 방법이 있다. 특허청과 한국발명진흥회에서 운영하는 지역지식재산센터(https://www2.ripc.org)라는 곳이 있다. 지역지식재산센터는 IP[19]창업존, IP디딤돌 지원사업을 통해 개인 및 예비창업자의 아이디어 구체화 및 권리화를 지원한다.

특허출원비를 지원받고자 한다면 창업자의 거주 지역에 있는 지역지식재산센터에 찾아가서 상담을 받고 변리사를 통해 멘토링을 받은 후, 특허출원지원사업인 IP디딤돌 사업을 신청해야 한다. '나는 안 되겠지.'라고 먼저 생각하고 포기하면 받을 수 없다. 어떤 아이디어라도 지원을 받을 가능성은 있다. 먼저 지원하면 유리하다. **지역지식**

---

19   IP: Intellectual Property(지식재산 또는 지적재산)

재산센터에 찾아가서 무료로 특허출원 할 수 있는 방법을 알아보고 담당자가 알려 주는 대로 신청하면 된다.

[지역지식재산센터 홈페이지]

2019년 기준으로 IP디딤돌 지원사업 예산은 36억원으로 특허출원 지원비를 150만원으로 나누면 약 2,400명이 특허출원비를 지원받을 수 있다. 그뿐만 아니라 각 지역지식재산센터에서는 IP디딤돌 지원사업 이외에 별도의 지식재산창출지원사업을 진행하고 있다. 그런 내용은 각 지역지식재산센터 홈페이지에서도 확인할 수 있지만 직접 찾아가서 상담받는 것이 훨씬 이해가 쉽고 창업자의 조건에 맞는 지원사업도 찾기 쉽다. 모든 지원사업이 마찬가지겠지만 지원사업이 시작되는 연초에 지원하는 것이 가장 좋다. 특허출원지원사업도 연초부터 시작해서 지원금이 소진되면 더 이상 지원되지 않을 수 있으니 되도록 빨리 찾아가서 미리 상담을 받아야 한다.

구분	내용
사업정의	창의적 아이디어를 통한 기술기반 혁신형 창업 창출
사업목적	국민의 창조적 아이디어를 발굴·선정하여 이를 기술적으로 발전시켜 지식재산권화하고 창업·사업화 등으로 후속연계 지원
신청대상	개인 및 예비창업자
지원내용	• 특허상담창구 운영을 통해 지식재산 창출·보호·활용 전반에 대해 애로를 겪고 있는 중소기업 및 개인 대상으로 지식재산 애로사항 해결 • 개인의 아이디어를 창업으로 유도시키기 위하여, 아이디어 창출교육, 아이디어 구체화 및 권리화, 아이디어 제품화(3D설계 및 모형제작) 및 창업 컨설팅을 지원하는 IP디딤돌프로그램 운영
지원절차	
지원문의	한국발명진흥회(02-3459-2860) 자세한 내용은 아래 지역 관할 지식재산센터(광역권)으로 문의

[IP디딤돌 지원사업 주요 내용]

지역	센터명	대표번호	주소
강원도	강원지식재산센터 (강원도경제진흥원)	033-749-3326	강원도 원주시 호저로 47
강원도	춘천지식재산센터 (한국발명진흥회강원지회)	033-264-6580	강원 춘천시 강원대학길 1 강원대학교 보듬관 403호 춘천지식재산센터
경기도	경기지식재산센터 (경기테크노파크)	031-500-3043	경기도 안산시 상록구 해안로 705 경기테크노파크 4동(지원편의동) 1층 경기지식재산센터

경기도	수원지식재산센터 (수원상공회의소)	031-244-8321	경기도 수원시 장안구 수성로 311 수원상공회의소 5층 수원지식재산센터
경상남도	경남지식재산센터 (창원상공회의소)	055-210-3085	경상남도 창원시 의창구 중앙대로 166 창원상공회의소 5층 경남지식재산센터
경상남도	진주지식재산센터 (진주상공회의소)	055-762-9411	경상남도 진주시 동진로 255 진주상공회의소 3층 진주지식재산센터
경상북도	경북지식재산센터 (포항상공회의소)	054-274-5533	경상북도 포항시 남구 포스코대로 333(상도동, 포항상공회의소) 포항상공회의소 2층 경북지식재산센터
경상북도	안동지식재산센터 (안동상공회의소)	054-859-3093	경상북도 안동시 축제장길 240 안동상공회의소 1층 안동지식재산센터
경상북도	구미지식재산센터 (구미상공회의소)	054-454-6601	경상북도 구미시 송정대로 120 구미상공회의소 3층 구미지식재산센터
전라남도	전남지식재산센터 (목포상공회의소)	061-242-8587	전라남도 무안군 삼향읍 오룡3길 2 중소기업종합지원센터 4층 전남지식재산센터
전라북도	전북지식재산센터 (한국발명진흥회전북지부)	063-252-9301	전라북도 전주시 덕진구 반룡로 109 벤처지원동 105호 전북지식재산센터
충청남도	충남지식재산센터 (충남북부상공회의소)	041-559-5746	충청남도 천안시 서북구 광장로 215 충남북부상공회의소 9층 충남지식재산센터
충청북도	충북지식재산센터 (청주상공회의소)	043-229-2732	충청북도 청주시 상당구 상당로 106 청주상공회의소 1층 충북지식재산센터
충청북도	충주지식재산센터 (충주상공회의소)	043-843-7005	충청북도 충주시 으뜸로 31 충주상공회의소회관 1층 충주지식재산센터
광주 광역시	광주지식재산센터 (한국발명진흥회광주지회)	062-954-3841	광주광역시 북구 추암로 249 광주이노비즈센터 7층 광주지식재산센터
대구 광역시	대구지식재산센터 (대구상공회의소)	053-242-8079	대구광역시 동구 동대구로 457 대구상공회의소 5층 대구지식재산센터

대전 광역시	대전지식재산센터 (대전테크노파크)	042-930-8420	대전광역시 유성구 테크노9로 35 지능로봇산업화센터 206호
부산 광역시	부산지식재산센터 (한국발명진흥회부산지회)	051-645-9683	부산 부산진구 가야대로 607(가야동) 새마을회관 6층 부산남부지식재산센터
서울 특별시	서울지식재산센터 (서울산업진흥원)	02-2222-3860	서울특별시 마포구 월드컵북로 400 서울산업진흥원 13층 서울지식재산센터
울산 광역시	울산지식재산센터 (울산상공회의소)	052-228-3087	울산광역시 남구 돋질로 97 울산상공회의소 2층 울산지식재산센터
인천 광역시	인천지식재산센터 (인천상공회의소)	032-810-2882	인천광역시 남동구 은봉로60번길 46 인천상공회의소 6층 인천지식재산센터
제주도	제주지식재산센터 (제주상공회의소)	064-755-2554	제주특별자치도 제주시 청사로1길 18-4 제주지역경제혁신센터 1층 제주지식재산센터
세종	세종지식재산센터 (한국발명진흥회세종지부)	044-998-1000	세종특별자치시 조치원읍 군청로 93 세종SB플라자 (장영실과학기술지원센터) 402호

[전국 지역지식재산센터 현황 및 연락처]

100% 합격하는 유일한 방법: 합격할 때까지 신청

창업지원사업에 100% 합격하는 방법은 합격할 때까지 도전하는 것이다. 합격할 때까지 도전하는 것이 불변의 원칙이다. 특허출원도 하고 합격하는 창업 사업계획서 작성 방법에 따라 사업계획서를 완성했다면 창업지원사업에 합격할 준비를 완벽하게 갖춘 것이다. 이제 신청자격이 되는 모든 창업지원사업에 신청하기만 하면 된다. 가

꿈 이 사업은 지원규모가 적어서 지원을 하지 않고, 저 사업은 지원금을 많이 주니까 저 사업만 지원하겠다고 하는 창업자가 있다. 자신감이 있어서 좋기는 하지만 원하는 사업, 지원금을 많이 주는 사업에 합격하는 것이 쉬운 것은 아니다. 최종 결과는 어떻게 될지 아무도 모른다. 그러니 늘 대비하고 준비해야 한다. 적은 금액의 지원사업이라도 일단 합격한 후에 협약을 할지 말지 나중에 결정하면 된다. 합격하고 선택할 수 있으니 자격조건이 되는 사업은 일단 모두 지원하고 보자.

앞서 설명한 것처럼 매년 1월 초에 K스타트업(창업넷) 홈페이지에 중앙부처의 창업지원사업 전체 내역이 요약되어 공지된다. 신청자격, 지원내역, 시기 등 일단 이것을 확인하고 지원사업 신청 스케줄을 만든다. 그리고 해당 사업이 공고되면 공고 내역을 다시 한번 확인하고 창업지원사업에 신청한다. 그리고 동시에 지자체 창업지원사업 정보도 확인해야 한다. 앞서 설명한 지자체별 창업지원기관 리스트를 확인하고 1월 초부터 해당 사이트를 꾸준히 방문하여 정보를 획득한다. 창업지원사업이 공지되면 중복지원이 가능한지 확인하고 자격조건이 되면 신청해야 한다. 간혹 중앙정부에서 지원받은 동일한 아이템으로는 신청할 수 없다는 내용이 나온다. 그때는 사업의 취지를 확인하고 개발내역이나 사업화 내역을 분리하여 신청할 수 있는지 검토해야 한다. 중복으로는 결코 지원받을 수 없고, 받아서도 안 되니 확실히 관련 내용을 확인하고 신청해야 한다. 지자체 창업지원사업은 중앙정부의 현금성 창업지원사업 외에 마케팅, 멘토링, 컨설팅, 판로, 특허, 홍보물 제작 등 분야별로 세분화하여 지원하는 사업이 많다. 창업자는 이런 것도 빠짐없이 확인하고 조건이 맞으면 지원을 해야 한다. 예비창업패키지는 1년에 4번이나 선발한다. 물론 한 번만 선발하는 사업도 있지만 대부분 2차 이상 선발한다. 한 번 떨어져도 다음 기회가 있기 때문에 합격할 때까지 계속 시도해야 한다. 그렇게 노력한다면 반드시 합격할 수 있다.

그것이 100% 합격하는 방법이다. **그렇게 하여 정부로부터 창업지원금을 받은 후에 그때 비로소 사업자 등록을 하고 창업을 하는 것이다. 그전까지는 절대로 사업자 등록을 하면 안 된다.** 사업자 등록을 한 후에도 또 다른 정부지원사업이 있으니 꼭 확인하고 지원을 받아야 한다.

제3부

창업 후 바로 해야 할 일

1인 창조기업으로 창업

(1) 개인사업자 등록

○ **핵심 요약** ○

• 사업자 등록은 최대한 늦게 법인이 아닌 개인사업자로 등록한다.

• 업종은 주업종 1개만 하고 되도록 제조업 또는 지식서비스업으로 창업한다.

• 동업자가 있어도 공동대표가 아닌 1인 대표로 창업한다.

• 매출이 없기 때문에 간이과세자가 아닌 부가세 환급이 가능한 일반과세자로 등록한다.

사업자 등록은 언제 하나?: 창업지원금 받고 난 후 최대한 늦게

앞서 설명했듯이 사업자 등록은 창업지원금을 받고 난 후에 하는 것이다. 창업지원금을 받고 싶다면 절대로 먼저 사업자 등록을 하면 안 된다. 그럼 사업자 등록은 언제 해야 할까? 창업지원금을 받고 나면 전담기관에서 '협약(창업지원금을 지급하는 계약) 후 2개월 또는 3개월 이내 사업자 등록을 해야 한다.'는 조건을 제시한다. 그럼 그 조건에 맞게 최대한 늦게 사업자 등록을 하면 된다.

사업자 등록은 왜 최대한 늦게 해야 될까? 사업자 등록을 하는 순간부터 4대보험료, 제세공과금 등을 납부해야 하고 여러 가지 비용이 발생하기 시작한다. 업종에 따라서 각종 면허, 신고가 필요한 것들도 생긴다. 이런 것들이 다 일이 되고 비용이 된다. 사업자 등록을 해도 바로 매출이 발생하지 않기 때문에 부담이 된다. **더 중요한 것은 사업자 등록을 하지 않았다면 창업지원금을 받은 상태에서도 몇 달간은 계속 '예비창업자' 신분을 유지할 수 있다. 예비창업자이기 때문에 그 기간에도 다른 창업지원사업에 신청할 수 있다. 예를 들어 예비창업패키지에 합격하여 창업지원금을 받고 있어도 사업자 등록을 하지 않았다면 상금 1억원을 받을 수 있는 '도전! K-스타트업 예비창업리그'에 신청할 수 있다.** 만약 창업지원금을 받고 바로 사업자 등록한 후에 '도전! K-스타트업 공모전'이 공고되면 그때는 예비창업리그에 신청할 수 없다. 따라서 창업지원사업에 합격하고도 2~3개월 동안 예비창업자 자격을 유지하여 공모전에 신청하거나 중복되지 않는 다른 창업지원사업에 예비창업자로 도전해야 한다. 따라서 창업지원금을 받더라도 사업자 등록은 최대한 늦게 해야 한다.

법인보다는 개인사업자

사업자 등록 시 법인 또는 개인을 선택할 수 있다. 특별한 사유가 없다면 처음 창업할 때는 개인사업자로 등록한다. **법인은 돈도 많이 들고 시간도 오래 걸리며 절차도 복잡하다. 개인사업자로 사업을 하**

다가 돈을 많이 벌게 돼서 세금을 많이 내야 할 것 같으면 그때 법인으로 전환해도 된다. 창업지원금을 받고 법인으로 창업하려면 반드시 '온라인법인설립시스템(https://www.startbiz.go.kr)'으로 해야 한다. 그것이 창업지원금을 받는 조건에 명시되어 있다. 그냥 법무사한테 맡기면 쉽게 설립할 수 있는데 온라인법인설립시스템으로 법인을 등록해야 하기 때문에 귀찮다. 다만 초기 창업자금을 엔젤투자자에게 받았거나 창업 후 큰 매출이 바로 발생하는 상황이라면 법인으로 창업해야 한다.

온라인 개인사업자 등록

구분	내용
사업자 등록 사이트	국세청 홈택스(https://www.hometax.go.kr)
신청 방법	개인 공인인증서 로그인 → 신청/제출 → 사업자 등록 신청/정정 등 → 사업자 등록 신청(개인) → 정보입력
임대차계약서	사무실로 사용할 임대차계약서 스캔 후 등록 사무실이 아닌 전세, 월세 임대한 계약서도 가능
업종	단 1개의 업종만 선택하여 입력, 여러 가지 업종은 절대로 등록하지 말 것 정부지원사업에 지원되지 않는 업종은 하지 말 것
동업계약서	동업계약서는 등록하지 말 것, 대표자 1명만 등록할 것 팀 창업으로 동업하는 경우가 많지만 동업계약서는 갖고 있으되 사업자 등록을 할 때는 1명의 대표자만 등록할 것
사업자 유형	일반과세자로 할 것(간이과세자로 하지 말 것)

[창업지원사업 합격자 온라인 사업자 등록 시 추천사항]

온라인으로 개인사업자 등록할 때는 업종, 동업, 사업자 유형 이 3가지만 유의하여 등록하면 된다.

▶ 업종은 되도록 제조업, 지식서비스업 중 하나만 선택

사업자 등록할 때 업종을 선택해야 하는데 하나 이상 선택해도 관계가 없어서 업종을 여러 개 선택하여 등록하는 경우가 많다. 대부분 나중에 이것도 하고 저것도 할 것이라고 생각하고 여러 가지 업종을 선택하는 경우다. 나도 사업자 등록을 할 때 3가지 업종을 등록했었다. 업종은 창업기업이 나중에 소득세를 낼 때 업종별[20] 경비비율이나 관할 세무서에서 보유하고 있는 업종별 평균소득율을 기준으로 하기 때문에 차이가 발생할 수 있으니 잘 선택해야 한다. **개인사업자 등록을 할 때 업종은 주업종 하나만 해도 된다.** 여러 가지 하고 싶은 업종이 많을 수 있지만 주업종만 선택하고 추가가 필요하면 나중에 업종을 추가하면 된다. **업종을 하나만 선택해야 할 더 중요한 이유는 사업이 실패했을 때를 대비하는 것이다.** 사업이 실패하면 폐업을 하고 나중에 재창업을 할 수 있다. 재창업을 할 때도 창업지원금을 받을 수 있는데 그때 기존에 폐업한 사실이 있는 경우 동일한 업종으로 다시 창업하면 재창업으로 안 보는 경우가 있다. 괜히 주업종도 아닌 여러 개 업종을 부업종으로 등록해서 재창업할 때 제약이 되는 경우가 발생할 수 있다. 예들 들어 중장년 예비창업패키지의 경우 폐업

---

20 또 업종이 여러 개인 경우 매출이 발생할 때마다 사업주가 구분해야 신고해야 대신 저용경비율을 매출이 많이 나는 주업종으로 처리한다.

경험이 있는 경우에도 신청이 가능하지만 아래와 같이 기존 업종과
다른 업종으로 창업하고자 할 경우에만 신청할 수 있다.

구분	신청자격
폐업 경험 있는 경우	폐업 경험이 있는 자는 이종업종의 제품이나 서비스를 생산하는 사업자를 창업할 예정인 경우에 한하여 신청 가능
	업종은 한국표준산업분류 세분류(4자리)를 기준으로 함.

[2019년 중장년 예비창업패키지 신청자격 재창업 관련]

또 정부에서 지원하는 않는 제외 업종도 있다. 해당 업종은 향후에
도 정부지원사업을 받을 문제가 될 소지가 있으니 가려서 선택하는
것이 좋다. 금융 및 보험업(K64~66), 부동산업(L68), 숙박 및 음식
점업(I55~56), 일반유흥주점업(56211), 무도유흥주점업(56212), 무
도장 운영업(91291), 골프장 및 스키장 운영업(9112), 기타 사행시설
관리 및 운영업(91249) 기타 갬블링 및 베팅업(9124), 기타 개인 서
비스업(96) 등 그 밖에 위에 준하는 업종으로서 중소벤처기업부령으
로 정하는 업종은 제외된다. 또 군이 제외 업종은 아니지만 소매업,
도매업, 부동산임대업 등 혁신형 창업과 관련 없는 업종도 사업자 등
록 시 피하는 것이 좋다. 또 창업할 때는 1인 창조기업 확인을 받고
시작하는 것이 좋은데 1인 창조기업 확인도 받을 수 없는 업종이 많
다. 가능하다면 그 업종은 피하고 창업하는 것이 좋다. **여러 가지 업
종 중에서 정부지원사업에 신청함에 있어 가장 제약이 없는 업종이
제조업과 지식서비스업종이니 창업할 때 잘 모르겠으면 되도록 두
가지 업종에서 선택해라.**

▶ 동업 계약을 했어도 대표자는 1명만 등록

청년 예비창업자는 동업을 하는 경우가 많다. 동업하기 전에는 반드시 동업계약서를 써야 한다. 그런데 **사업자 등록할 때 대표는 1인만 등록하는 것이 좋다.** 공동대표를 하면 행정 절차가 복잡하고 두 명 다 창업한 것이기 때문에 둘 다 예비창업자 자격을 상실한다. 사업이 잘 안 될 경우를 대비하면 한 명만 창업자가 되고 나머지 동업자는 계속 예비창업자로 남아 있어야 한다. 또 공동대표는 자체 고용도 할 수 없으니 창업지원금으로 공동대표의 인건비를 줄 수도 없고, 일자리안정자금도 받을 수 없다. 여러 명의 청년이 동업할 경우에 고용을 통해서 청년추가고용장려금도 받을 수 있지만 공동대표로 하면 그 혜택도 받을 수 없다. 청년내일채움공제도 가입할 수 없다. 그리고 개인사업자를 굳이 공동대표로 할 필요가 있나? 창업지원금을 받고 창업할 때는 거창할 필요가 없다. 동업계약서를 작성했으면 됐다. 동업자 중에서 한 명이 이번 창업지원사업을 책임진다고 생각하고 실패했을 때를 대비하는 것이 현명한 것이다.

▶ 사업자 유형은 간이과세자보다 일반과세자

간이과세자는 보통 자영업 창업을 할 때 신청하는 것으로 1년간 매출이 4,800만원 이하인 경우에 부가세 청구, 납부의 대상이 아니어서 좋다. 간이과세자는 적은 매출이 꾸준히 발생할 때 유리하다. 동네에서 음식점을 혼자 시작하는 경우에 간이과세자로 신청하는 경우가 많다. 팔고 있는 음식값에 부가세가 없으니 가격이 낮아진다. 그리고 부가세를 납부할 필요도 없다. 그런데 간이과세자로 신청할 수 없는 업종도 있다. 창업지원금을 받아 창업하는 경우 혁신형 기술창업이다. 이때는 일반과세자로 등록해야 한다. 초기 창업기업이기 때문에 매출이 거의 없다. 그런데 컴퓨터, 사무집기 및 일반 물품을 구입할 때 대부분 부가세가 포함되어 있고 신용카드로 결제할 경우에는 부가세가 포함되어 결제된다. 매출이 없는 상태에서 지출한 비용이 많을 때는 부가세를 환급받아야 한다. 일반과세자는 부가세를 환급받을 수 있지만 간이과세자는 부가세를 환급받지 못한다. **매출도 없는 상태에서 간이과세자로 등록했다가 부가세를 한 푼도 환급받지 못할 수도 있으니 반드시 일반과세자로 사업자 등록을 하고 부가세를 환급받아야 한다.**

(2) 창업보육센터 입주

─○ 핵심 요약 ○─

- 정부지원 창업보육센터 홈페이지 입주업체 모집공고를 수시로 확인해야 한다.
- 창업보육센터는 임대비 절약뿐만 아니라 다양한 사업화 지원을 추가로 진행하기 때문에 초기 창업기업에 큰 도움이 된다.
- 창업지원사업에 합격했다면 충분히 창업보육센터에 입주할 수 있다.

창업을 하려면 사무실이 필요하다. 3명 내외 함께 들어갈 수 있는 공간이 필요한데 지역마다 다르겠지만 보증금 300만~1,000만원, 월세 50만~100만원 정도이고 관리비가 20만원 내외다. 매월 사무실 비용으로 70만~80만원이 필요하다. 창업지원금에서 사무실 임대비를 활용할 수 있지만 아까운 비용이다. 처음 사업자 등록할 때는 자기 집으로 주소를 내도 크게 상관없다. 그래도 진짜 혼자 사업하는 것이 아니라면 창업 후 3개월 이내에는 사무실을 마련하는 것이 좋다.

창업보육센터 선정 기준	창업보육센터를 찾을 때
① 무료인 곳, 최대한 유지비용이 적은 곳 ② 창업자가 출근하기 가까운 곳 ③ 시설 지원이 좋은 곳 ④ 연계지원사업이 많은 곳	① 창업자 지자체에서 운영하는 1인 창조기업 지원센터 및 창업보육센터 ② 지역 창조경제혁신센터 창업보육시설 ③ 창업자 업종과 관련된 산업/경제/진흥원에서 운영하는 창업보육센터

[창업보육센터 선정 기준]

이때 제일 좋은 사무실이 창업보육센터다. 요즘 창업보육센터가 정말 많다. 보통 모집공고 후 선발 과정을 거쳐 합격하면 1년 계약하고 1년 연장하는 식으로 운영된다. 3년, 5년, 7년 미만의 업체를 대상으로 창업보육센터를 지원한다. 창업보육센터도 관리비만 내는 곳, 임대료도 내는 곳, 보증금까지 받는 곳 여러 곳이 있다. 모두 창업자가 직접 알아보고 신청해서 합격해야 한다. 좋은 곳에 들어가면 2년 동안 최대 3,000만원 이상 절약할 수 있다. 창업보육센터는 입주비용만 지원하는 것이 아니라 창업교육, 네트워크, 사업화지원 등 다양한 지원사업을 진행한다. 물론 약간의 간섭은 있겠지만 돈 없는 창업기업이라면 그 정도는 감수해야 한다. 창업보육시설 입주 관련 공고는 앞서 설명한 주요 창업지원 사이트에서 수시로 공고되니 확인하고 신청해야 한다.

창업보육센터는 입주업체 모집공고 → 신청 → 서류평가 → 대면평가 → 합격자 발표순으로 입주기업을 모집하고 선발한다. 이때 신청서에 사업계획서를 제출해야 하는데 창업자가 이미 작성한 사업계획서와 거의 비슷한 내용을 다룬다. 최대 1억원 받는 창업지원사업에 선정되었으면 창업보육센터 입주지원사업에도 충분히 합격할 수 있다. 원하는 창업보육시설에서 언제 입주공고가 될지 모르기 때문에 적어도 1주일에 1회 정도는 창업보육센터 홈페이지에 접속하여 공고 내용을 확인해야 한다. 창업보육센터 입주 모집 공고는 K스타트업 홈페이지 '시설·공간' 메뉴에서 확인할 수 있고 주요 창업지원 사이트에서도 확인할 수 있다.

(3) 자영업자(대표자) 고용보험 가입

─○ 핵심 요약 ○─

• 창업기업 대표자도 직원처럼 고용보험에 가입할 수 있고 폐업 시 실업급여를 받을 수 있다. 창업에 실패할 경우를 대비해 자영업자 고용보험에 가입하는 게 좋다.

창업지원금을 받는 것이 성공하는 것은 아니다. 창업지원금을 받고 10개월이 지나도 매출이 없거나 추가로 정부지원금을 받지 못하면 폐업할 수도 있다. 폐업할 때 직원들은 고용보험을 통해 실업급여를 받을 수 있다. 대략 1년 이상 고용보험에 가입되어 있으면 약 3개월간 월 100만원 내외의 실업급여를 받을 수 있다. 그런데 고용보험에 가입되어 있지 않은 대표자는 실업급여를 받을 수 없다. 동업으로 창업을 했는데 대표자만 실업급여를 받지 못하게 되는 것이다. 이런 경우를 대비하여 '자영업자 고용보험'이라는 제도가 있다. 1인 사업자나 50인 미만 근로자를 사용하는 사업주가 가입할 수 있다.

구분	내용
신청사이트	근로복지공단 고용·산재보험토탈서비스(http://total.kcomwel.or.kr)
신청방법	고용·산재보험토탈서비스 사업자 로그인 → 민원접수/신고 → 자영업자 고용보험 가입신청 →50인 미만 근로자 사용주 또는 근로자 없는 사업주 선택 → 사업장 정보입력→ 기준보수액 입력(1등급 154만원~7등급 269만원 선택) → 접수 → 다음날 승인확정통지
기준보수액	자영업자(1인 사업자 등)은 월 기준보수를 확정할 수 없어 1등급 154만원에서 7등급 269만원까지 중 하나를 선택하여 고용보험료를 납부한다. 고용보험료율은 급여의 2.25%이다. 나중에 실업급여는 월 기준보수액의 50%를 수령한다.

실업급여 수급조건	① 폐업(사업자 등록증 폐지, 실제로 사업을 영위하지 않음) ② 1년 이상 고용보험 가입 ③ 적극적 재취업(재창업) 노력: 워크넷 등으로 이력서 제출 등 ④ 폐업일로부터 12개월 이내 실업급여 수급 ⑤ 불가피한 사유로 폐업
재직자 내일배움카드 신청	고용보험에 가입한 대표도 재직자 내일배움카드라는 것을 발급받을 수 있다. 가입 후 연간 200만원까지 교육훈련비를 지원받을 수 있다. ① 발급 신청 사이트: 직업훈련포털 HRD-Net(http://www.hrd.go.kr) ② 발급신청 방법(초보 창업 방법 블로그 참고(https://blog.naver.com/ariverly) 직업훈련포탈 HRD-NET 개인회원 가입(사업자회원 아님) → 회원가입 후 '마이서비스'에서 '공인인증서' 등록 → 다시 회원 아이디로 로그인 → 좌측 상단 '근로자' 선택 → 우측 상단 '행정서비스' 선택 → 공인인증서 로그인 → 행정서비스(개인) 메뉴 접속완료 → '근로자카드' 선택 → '근로자카드' 신청 → 카드 발급 공지내용 확인 → 농협 또는 신한카드 선택 → 신청인 정보 입력 → 카드 신청 완료 → 2~3일간 심사 진행 → 근로자카드 대상자 확정 SMS 수신 → 확인 SMS 문자 들고 신용카드 발급점 방문 → 내일배움카드 신청 완료

[자영업자 고용보험 내용]

자영업자 고용보험에 가입하여 1년 이상 유지하면 폐업 시 실업급여를 신청할 수 있고 고용보험 가입기간에는 재직자 내일배움카드 발급을 통해 연간 200만원 상당의 교육훈련비도 지원받을 수 있다. 위 표를 참고하여 대표자도 자영업자 고용보험에 가입하길 바란다.

(4) 1인 창조기업 확인

┌─○ **핵심 요약** ○───┐

• 창업 후 최소 1개월간 상시근로자를 고용하지 않으면 1인 창조기업이 될 수 있다.

• 1인 창조기업이 되면 1인 창조기업 지원센터를 무료로 이용할 수 있고 사무실도 거의
  무료로 입주할 수 있다.

• 1인 창조기업이 되면 최대 2,000만원까지 지원해 주는 1인 창조기업 마케팅 지원사업
  을 신청할 수 있다.

└──┘

창업할 때는 1인 창조기업으로 창업해야 한다. 1인 창조기업이 되면 전국 55개 1인 창조기업 지원센터를 활용할 수 있고, 무료로 경영지원을 받을 수 있으며 최대 2,000만원까지 마케팅지원금을 받을 수도 있다. 또 공공 1인 창조기업 지원센터는 사무실도 거의 무상으로 임대해 주고 정부지원사업과 연계도 지원한다. 그런데 1인 창조기업을 아예 모르는 예비창업자가 많다.

1인 창조기업이란 창의성과 전문성을 갖춘 1인이 상시근로자 없이 사업을 영위하는 자를 말한다. 법인이나 개인 둘 다 해당된다. 업종으로는 주로 제조업과 지식서비스업에 종사하는 사업자를 말한다. 1인 창조기업이 되기 위해서는 해당되는 업종으로 사업자 등록을 하고 1개월 동안 근로자 없이(4대보험 가입자 없이) 대표자 혼자(공동대표자는 제외) 사업을 하면 1인 창조기업 확인을 받을 수 있다. 쉽게 말하면 창업 후에 1개월 동안 상시근로자 고용을 하지 않으면 된다는 것이다. 만약 3명이 같이 창업하는 경우에 1인 대표로 사업자 등록을

하고 나머지 2명은 4대보험 신고 없이 1개월간은 무보수로 일하고 1개월이 지난 후 4대보험에 가입하면 1인 창조기업 확인을 받을 수 있다. 하지만 이런 것을 모르고 창업 후 상시근로자를 바로 고용하는 것 때문에 1인 창조기업 확인을 받지 못하는 경우가 정말 많다. 그리고 1인 창조기업 확인을 받으면 1인 창조기업이 규모 확대의 이유로 1인 창조기업에 해당되지 않는 경우에도 3년간은 1인 창조기업으로 인정된다. 쉽게 말해 한번 1인 창조기업이 되면 3년간 자격이 부여된다. 그리고 1인 창조기업이 되기 위해서는 우선 지원되는 업종으로 사업자 등록을 해야 된다. 1인 창조기업이 안 되는 제외 업종이 있으니 확인하고 신청해야 한다.

1인 창조기업 확인해 보기 (자가진단표)

확인항목	내용	비고	적격여부
창업일	📅	-	X
1인 창조기업 업종확인 (산업분류코드 5자리 입력)	🔍	한국표준산업분류 검색 바로가기 ☞ 사업자등록증상의 종목 또는 자신의 사업분야를 검색	
사업자유형	○개인 ○법인	-	-

* 기초생활수급자는 건강보험 미가입 상태로 건강보험 자격득실확인서 대신 기초생활수급자 증명서를 확인
* 문의전화 : 1357

[K스타트업 사이트 내 1인 창조기업 자가진단표]

사업자 등록 후 1인 창조기업 확인을 받으려면 K스타트업 홈페이지 1인 창조기업 지원센터 메뉴에 들어가서 'One Click 1인 창조기업 자격 여부 확인' 메뉴에서 자가진단을 통해 바로 확인할 수 있다. 인터넷을 통해 1인 창조기업 확인 후, 1인 창조기업 지원센터 정회원으로 등록하면 창업자 주변 1인 창조기업 지원센터의 시설과 서비스를 무료로 이용할 수 있다. 특히 공공기관에서 운영하는 공공 1인 창

조기업 지원센터에서는 1인 창조기업을 모집하여 개방형 사무실 공간을 임대해 준다. 적은 금액으로 지원하고 있으니 사무실을 찾을 때 반드시 고려해야 한다.

1인 창조기업 혜택 중 가장 좋은 것은 2,000만원 상당의 마케팅비를 지원하는 1인 창조기업 마케팅 지원사업이다. 매년 3~4월 1인 창조기업 마케팅 지원사업에서 창업기업 150개를 모집하여 지원한다. 1인 창조기업 자격이 유지되는 3년 동안 1회만 지원받을 수 있다. 초기 창업기업에 2,000만원 상당의 마케팅 지원비는 매우 큰 금액이기 때문에 반드시 도전해야 한다. 매출이 아예 없는 경우 마케팅 지원사업에 합격이 어렵다. 주로 매출이 몇 천만원 내외로 발생하는 상태에서 마케팅 지원사업을 받을 경우 50% 내외로 매출 증가가 예상되는 경우 마케팅 지원사업에 합격하기 유리하다.

구분	해당 업종	한국표준산업 분류번호
광업	석탄, 원유 및 천연가스 광업	5
	금속광업	6
	비금속광물 광업(연료용 제외)	7
	광업지원서비스업	8
제조업	담배제조업	12
	코크스, 연탄 및 석유정제품 제조업	19
	1차 금속제조업	24

전기, 가스, 증기 및 수도 사업	전기, 가스, 증기 및 공기 조절 공급업	35
하수 · 폐기물처리, 원료재생 및 환경복원업	수도사업	36
	하수, 폐수 및 분뇨 처리업	37
	폐기물 수집운반, 처리 및 원료재생업	38
	환경 정화 및 복원업	39
건설업	종합건설업	41
	전문직별 공사업	42
도매 및 소매업	자동차 및 부품 판매업	45
	도매 및 상품중개업	46
	소매업: 자동차 제외(전자상거래 소매 중개업 및 전자상거래 소매업은 제외한다)	47
운수업	육상운송 및 파이프라인 운송업	49
	수상 운송업	50
	항공 운송업	51
	창고 및 운송 관련 서비스업	52
숙박 및 음식점업	숙박업	55
	음식점 및 주점업	56
금융 및 보험업	금융업	64
	보험 및 연금업	65
	금융 및 보험 관련 서비스업(그 외 기타 금융 지원 서비스업은 제외)	66
부동산업	부동산업	68
사업시설관리, 사업지원 및 임대 서비스업	임대업: 부동산 제외	69
부동산업 보건업 및 사회 복지 서비스업	보건업	86
	사회복지 서비스업	87

예술, 스포츠 및 여가 관련 서비스업	스포츠 및 오락 관련 서비스업	91
협회 및 단체, 수리 및 기타 개인서비스업	기타 개인 서비스업	96

[1인 창조기업 제외업종]

지역	유형	주관기관	협력기관	주소	연락처
서울	공공	서울 성북구	서울상공회의소	서울 성북구 동소문로 63 드림트리빌딩 6층	02-2241-3984
	민간	메트로비즈니스	-	서울시 강남구 강남대로 136길 11 5, 6층	02-547-8007
	민간	한성케이에스콘		서울시 금천구 가산디지털1로 196 1206호	02-6670-0021
	공공	서울시 마포구	서강대학교 산학협력단	서울 마포구 매봉산로 18 마포창업복지관 601호	070-7727-4100
	민간	오피스허브	-	서울시 강남구 개포로 508 소망빌딩 B1	02-445-8005
	민간	하우투비즈	업라잇포지션(여의도센터)	서울시 영등포구 국회대로 72길 4 5층	1644-4812
			업라잇포지션(강남센터)	서울시 강남구 논현로 537 (역삼동, 명프라자빌딩 2층)	1644-4812
	민간	오퍼스이앤씨	-	서울시 서초구 방배동 910-12 보령빌딩 3층	02-6221-2022
	공공	한국방송통신전파진흥원	스마트미디어산업진흥협회	서울시 마포구 성암로 189 중소기업 DMC 타워 10층	02-3151-0750
	민간	중원게임즈	-	서울시 마포구 서강로 133 8, 9층	02-335-7017
	민간	㈜코너스톤웍스	-	서울특별시 강남구 강남대로 3425층(역삼동)	070-7090-0843
	민간	㈜더이노베이터	-	서울특별시 강남구 논현로 509 송암II빌딩 8층 (역삼동)	02-568-0031
	민간	우리은행	-	서울 영등포구 영등포로 200, 2F	02-2069-4620
	민간	한국여성벤처협회	-	서울 강남구 역삼로 165 해성빌딩 6층	02-3440-7460

경기	공공	한국나노기술원	-	경기 수원시 영통구 광교로 109 (이의동) 한국나노기술원 2층	031-546-6241
	공공	용인디지털산업진흥원	-	경기 용인시 처인구 명지로 15-20 2층	031-323-4696
	공공	재단법인경기도일자리재단	-	경기 용인시 용구대로 2311(마북동)	031-270-9769
	공공	안양창조산업진흥원	-	경기 안양시 동안구 시민대로 327번길 11-41, 9층	031-8045-6716
	공공	의왕시	계원예술대학교산학협력단	경기도 의왕시 이미로 40 D동 112호 (포일동)	031-345-2366
	공공	(재)고양시지식정보산업진흥원	-	경기도 고양시 덕양구 고양대로 1393 2층 (성사동)	031-960-7869
	공공	창업진흥원	(사)경기중소기업연합회	경기도 수원시 영통구 반달로 87 경기지방중소벤처기업청 4층	031-204-1070
	공공	경기 의정부시	신한대학교산학협력단	경기 의정부시 의정로 165 지하1층	031-850-5815
인천	공공	인천광역시	인천테크노파크	인천시 남구 석정로 227 JST타워 5층	032-725-3202
	민간	㈜미래서비스	-	인천광역시 연수구 벚꽃로 106 5층 (청학동)	032-873-0051
부산	민간	크로스비즈(진)	-	부산시 부산진구 부전동 112-3 삼한골든게이트빌딩 9층	051-818-0211
	공공	부산시 해운대구	세종경영컨설팅	부산시 해운대구 반송로 877번길 60 행복나눔센터	051-749-6281
	공공	부산시 사하구	(사)한국경제개발연구원	부산시 사하구 낙동대로 498 4층	051-205-1014

부산	민간	㈜비스퀘어	-	부산광역시 해운대구 센텀동로45, 1층, 4층(우동)	1877-1110
울산	공공	울산광역시	울산경제진흥원	울산시 남구 대학로 152 대로빌딩 7, 8층 울산청년창업센터(무거동)	052-710-5920
경남	공공	경남 창원시	경남대학교 산학협력단	경남 창원시 마산합포구 3.15대로 203 2층	055-247-0001
	공공	김해차세대의생명융합산업지원센터	-	경남 김해시 주촌면 골든루트로 80-59 첨단 의생명테크노타운 701호	055-329-8811
	민간	스타트업파트너스주식회사	-	경상남도 창원시 의창구 평산로 23 신화테크노밸리 5층	055-267-2311
대구	민간	나누미넷	영남이공대학교	대구시 중구 동덕로 115 진석타워 9층	0505-396-9000
	공공	대구성서산업단지관리공단	계명문화대학교 산학협력단	대구광역시 달서구 달서대로 675 대구성서 1인 창조기업 비즈니스센터 (신당동)	053-589-7933
	민간	주식회사 디지스타트업인큐베이터	-	대구시 중구 국채보상로 586 교보빌딩 16층	053-428-9904
	공공	대구시 수성구	수성대학교 산학협력단	대구시 수성구 청수로 64	053-784-8261
경북	공공	경북 문경시	문경대학교 산합혁력단	경북 문경시 중앙로 280 별관 2층	054-552-2322
	공공	경상북도문화콘텐츠진흥원	-	경북 안동시 영가로 16	054-840-7061
	공공	(재)포항테크노파크	-	경북 포항시 남구 지곡로 394 제1벤처동 1층	054-223-2114
	공공	경상북도	경북테크노파크	경북 경산시 삼풍로 27	053-819-3048

광주	공공	광주광역시	광주정보문화산업진흥원	광주시 동구 금남로 238	062-236-3261
	공공	광주시 광산구	광주보건대학교 산학협력단	광주시 광산구 북문대로 419 73(신창동)	062-958-7841
전남	공공	전라남도	전남테크노파크	전남 순천시 해룡면 율촌산단 4로 13 지식산업센터 1층	061-659-6728
	공공	전남정보문화산업진흥원	목포대학교 산학협력단	전남 무안군 삼향읍 오룡3길 2	061-280-7492
	공공	전남 담양군	광주전남 ICT협회	전라남도 담양군 담양읍 죽향대로 1072 24-13번지	061-381-5800
전북	공공	전북 전주시	전주정보문화산업진흥원	전북 전주시 완산구 이중로 33 1, 2층	063-281-4134
대전	공공	대전광역시	대전정보문화산업진흥원	대전 유성구 대덕대로 512번길 20 2층 200호	042-864-5111
충남	공공	충청남도	충청남도경제진흥원	충남 아산시 염치읍 은행나무길 223 2, 4층	041-539-4540
	공공	충남테크노파크	천안시	충남 천안시 서북구 직산읍 직산로 136 충남테크노파크 정보영상융합센터	041-589-0703
강원	공공	강원 강릉시	강릉과학산업진흥원	강원 강릉시 경강로 2326번길 4 정보문화사업단 1층	033-650-3394
	공공	(재)강원정보문화진흥원	벤처창업진흥협동조합	강원도 춘천시 공지로 305, 4층	033-244-8715

[전국 주요 1인 창조기업 지원센터]

(1) 회계사와 기장대행 계약

○─ **핵심 요약** ─○

- 창업 후 상시근로자를 고용하면 급여계산, 근로계약, 4대보험 신고 등 여러 가지 행정절차를 진행해야 한다. 특히 매월 급여계산, 4대보험료 납부, 근로소득세, 지방소득세 신고 및 납부를 해야 한다.
- 4대보험료 계산기는 4대사회보험연계센터, 근로소득세 계산기는 국세청 홈택스에서 제공하는 것이 가장 정확하다.
- 상시근로자를 고용하면 대표자가 직접 회계업무를 처리하지 말고 회계사와 기장대행 계약을 하고 회계사에 관련 모든 업무를 맡기는 게 낫다.

　창업을 하게 되면 여러 가지 행정 절차와 회계 관련 신고업무가 필요하다. 특히 고용을 하게 되면 급여책정, 4대보험 신고, 근로소득세 및 지방소득세 납부 업무 등도 매월 처리해야 한다. 나는 개인사업자로 창업했을 때 그 업무를 혼자서 다 처리했다. 처음에는 복잡하고 어려웠지만 3~4번 하다 보니 회계사 없이도 혼자 할 수 있었다. 직원도 없고 매출이 별로 없었기 때문에 충분히 처리가 가능했다. 게다가 정부에서 지원받는 것도 없어 증빙을 위한 영수증도 필요 없었다.

그런데 법인을 설립한 후로는 인원도 많이 늘고 거래처도 늘고 정부 지원사업까지 하다 보니 일이 너무 많아(특히, 국세청 홈택스에 복식부기로 대차대조표 입력하는 업무) 회계사와 기장대행 계약을 맺고 고용 신고업무 및 회계업무를 모두 맡겼다. 아주 편했다.

창업지원금을 받고 창업하는 창업자라면 회계사와 기장대행 계약을 맺고 고용 관련 신고업무와 회계업무를 맡겨라. 한 달에 10만원 내외의 비용으로 모두 해결할 수 있다. 기장대행 계약을 하지 않으면 대표자가 매월 급여를 계산하여 급여대장을 만들고 4대보험 성립·상실신고를 매번 직접 해야 하며, 근로소득세 및 지방소득세를 계산하여 국세청 홈택스와 위택스를 통해 납부도 해야 한다. 대표자가 이 모든 것을 혼자 하려면 하루 정도는 업무를 해야 한다. 물론 숙련이 되면 3~4시간 만에 처리가 되지만 그 외 부가세신고도 해야 하고, 여러 가지 정책 변경에 따른 추가신고, 변경처리 등을 감안해서 매월 평균 하루는 급여처리 및 회계업무를 해야 한다. 그것을 그냥 회계사한테 맡긴다고 생각하면 편하다. 계산은 더 정확하고 모르는 것은 언제든지 가르쳐 준다. 회사의 비용을 절감해 주고 수익을 늘려 주는 계산을 하는 것이 회계사다. 창업지원금을 받으면 회계 관련 비용을 활용할 수 있다. 따라서 창업지원금 등을 받았다면 주저하지 말고 회계사와 기장대행 업무를 체결하고 해당 업무를 맡기는 것을 권한다.

4대보험료 계산

회계사의 가장대행료가 아까운 창업자는 직접 급여신고 및 지급 업무를 처리해야 한다. 대부분의 업무는 사업자 등록 후 고용을 하면서부터 발생한다. 고용을 하려면 우선 급여를 정하고 근로계약을 체결하고 4대보험(국민연금, 건강보험, 고용보험, 산재보험) 신고를 해야 한다.

4대보험 신고는 4대사회보험정보연계센터(http://www.4insure.or.kr)에서 온라인으로 진행할 수 있다. 4대보험 신고는 월평균보수(월급여)를 기준으로 신고하는데, 당연히 급여계산이 선행되어야 한다. 급여를 계산할 때 중요한 것이 4대보험료와 소득세, 주민세 등 공제금액을 계산하는 것이다. 그중에서 4대보험료는 각각 요율이 있고 근로자부담금과 사업자부담금으로 나눠서 지급해야 한다. 4대사회보험정보연계센터에는 '4대사회보험료 모의계산'이라는 페이지가 있다. 해당 페이지에서 월급여를 입력하면 월급여에 따른 4대보험료 근로자부담금과 사업자부담금을 바로 확인할 수 있다.

[4대사회보험정보연계센터 4대사회보험료 모의계산 페이지]

그림과 같이 모의계산 페이지에 월급여를 입력하고 '계산' 버튼을 누르면 현재 시점의 4대보험료를 자동으로 계산해 준다. 4대보험료는 근로자부담금과 사업주부담금으로 나눠 계산된다. 급여를 지급할 때 근로자부담금 4대보험료는 회사에서 선 차감 후 나머지만 지급하고 사업자부담금과 함께 회사에서 국민연금관리공단에 납부하면 된다. 아래 표는 2019년 말 기준 월급여 200만원인 근로자의 경우 4대보험료 계산 내용이다. 각 보험료에 보험요율이라는 것이 있는데 매년 조금씩 변경된다. 대부분 변경되면서 올라간다. 그때마다 다시 계산하여 4대보험료를 신고하고 납부해야 한다. 변경되는 정책을 스스로 확인해서 적용해야 한다. 4대보험료를 덜 신고하면 가산금을 추가 납부해야 한다.

구분	요율	근로자	사업주	급여 200만원 일 때 보험료 총액
국민연금	월급의 9%	4.5% (90,000원)	4.5%	180,000원
건강보험료	월급의 6.46%	3.23% (64,600원)	3.23%	129,200원
장기요양보험료	월급여의 0.54 (건강보험료의 8.51%)	0.27% (5,490원)	0.27%	10,980원
고용보험료	월급의 1.85%	0.8% (16,000원)	0.8%+0.25 (21,000원)	37,000원
산재보험료 (전액 사업자 부담)	업종별상의 0.85%~28.25%	-	0.85%	17,000원
합계		176,090	198,090	374,180원

[초기 창업기업의 4대보험료율 및 월급여 200만원일 때 보험료 총액]

근로소득세 및 지방소득세 계산

4대보험료를 계산한 다음에는 근로소득세와 지방소득세(근로소득세의 10%)를 계산하여 원천징수하고 급여를 지급해야 한다. 근로소득세와 지방소득세는 이듬해 1월 연말정산을 통해서 최종 확정되기 때문에 매월 국세청에 선납하는 근로소득세와 지방소득세는 회사에서 임의로 계산하여 책정하는 것이다. 그래도 월급여에 맞게 납부를 해야 연말정산에서 차이가 덜 난다.

근로소득세와 지방소득세 계산은 국세청 홈택스 사이트에서 가능하다. 국세청 홈택스 → 조회/발급 → 기타 조회→ 근로소득간이세액표 메뉴에 월급여를 입력하면 최신 기준으로 근로소득세와 지방소득세가 계산된다. 예를 들어 근로소득간이세액표에서 월급여를 200만원으로 입력하면 소득세가 80%, 100%, 120%로 계산되는데 이 중 하나를 선택하여 근로소득세를 정하면 된다. 100%로 진행할 때 소득세는 19,520원, 지방소득세는 1,950원, 합계 21,470원으로 계산된다. 어차피 이듬해 1월 연말정산을 통해서 환급 또는 추가 납부가 결정되기 때문에 어떤 것을 선택하든지 납부하는 근로소득세는 동일하다. 직원들은 환급받는 것을 당연히 더 좋아하기 때문에 120%로 해서 소득세를 넉넉히 걷어도 괜찮다. 월급여가 200만원인 경우 4대보험료 176,090원과 근로소득세 21,470원을 제외하고 총 1,802,440원을 근로자에 지급하면 된다. 회사에 근로소득세와 지방소득세를 원천징수한 후에는 창업자는 매월 국세청 홈택스에서 원천세를 신고하고 납부해야 한다.

[국세청 홈택스 근로소득간이세액표]

근로계약서 작성

근로자를 고용하면 근로계약서를 작성해야 한다. 근로계약서에서 중요한 것은 계약의 종료일이 있는지 없는지다. 종료일이 있으면 계약직이고 종료일이 없으면 정규직이다. 계약직은 회사 사정에 따라 추가 연장, 종료 등을 계약기간에 맞게 다시 결정할 수 있지만, 정규직은 고용 관계를 정리하려면 복잡한 해고 절차를 진행해야 한다. 게다가 그것이 쉽지 않다. 따라서 신규채용을 할 때 계약직인지 정규직인지 정확하게 판단해서 근로계약을 체결해야 한다. 초기 창업기업은 신규채용 시 계약직으로 직원을 뽑아야 한다. 회사의 자금사정이 불확실하기 때문에 정규직으로 뽑으면 대단히 부담된다.

　그런데 정부에서는 고용유지 및 고용창출 지원사업을 통해서 창업기업이 근로자를 고용할 때 다양한 지원을 해 준다. 대표적으로 연간 900만원씩 3년간 지원하는 청년추가고용장려금사업은 정규직 청년 고용에 한하여 자금을 지원해 준다. 청년추가고용장려금을 받으려면 반드시 정규직으로 채용해야 한다. 근로자를 신규로 고용할 때는 고용유지 및 고용창출 지원사업을 통해서 지원받을 수 있는 내용을 미리 확인해야 한다. 고용유지 및 고용창출 지원사업은 고용보험 홈페이지(www.ei.go.kr)에서 확인할 수 있다. 근로계약서 등 창업기업에 필요한 표준양식은 K스타트업 홈페이지 자료실이나 각 사업게시판 등에서 다운로드받을 수 있다.

표준근로계약서 양식

※ 창업자 및 창업기업 상황에 맞게 수정하여 사용

(이하 "사업주"라 함)과(와)　　　(이하 "근로자"라 함)은 다음과 같이 근로계약을 체결한다.

1. 근로개시일: 2019년 9월 1일부터 2019년 11월 30일까지

2. 근 무 장 소: ㈜○○○○ 본사 ○○○팀

3. 업무의 내용:
(1) 영업, 기획, 마케팅, 기술개발 관련 업무
(2) 상급자의 지시사항 처리업무, 일반 총무 업무 및 본사 환경관리 업무

4. 소정근로시간: 09시 00분부터 18시 00분까지(휴게시간: 12시 00분~13시 00분)

5. 근무일/휴일: 매주 월, 화, 수, 목, 금, 토요일(또는 매일 단위) 근무 주 40시간
　　　　　　　주휴일 매주 일요일
6. 임 금
－ 월(일, 시간)급: 월　　　　　원
－ 상여금: 있음 (　)　　　　　　　　　　원, 없음 (　)
－ 기타급여(제수당 등): 있음 (　), 없음 (　)
　　·　　　　　　원,　　　　　　　　　　　원
　　·　　　　　　원,　　　　　　　　　　　원
－ 임금지급일: 매월(근무월 다음 달)　10 일(휴일의 경우는 전일 지급)
－ 지급방법: 근로자에게 직접지급(　), 근로자 명의 예금통장에 입금(○)

7. 연차유급휴가
－ 연차유급휴가는 근로기준법에서 정하는 바에 따라 부여함

8. 사회보험 적용여부(해당란에 체크)
　■ 고용보험　■ 산재보험　■ 국민연금　■ 건강보험

9. 근로계약서 교부
－ 사업주는 근로계약을 체결함과 동시에 본 계약서를 사본하여 근로자의 교부요구와 관계없이 근로자에게 교부함(근로기준법 제17조 이행)

10. 기 타
－ 이 계약에 정함이 없는 사항은 근로기준법령에 의함

　　　　2020년　　월　　일

(사업주) 사업체명:　　　　　　(전화:　　　　　　　)
　　　　주　　소:
　　　　대 표 자:　　　　　(서명)
(근로자) 주　　소:
　　　　연 락 처:
　　　　성　　명:　　　　　(서명)

[K스타트업에서 제공하는 표준근로계약서 양식]

매월 신고해야 하는 귀찮은 작업

신규채용 후 근로계약서를 작성하고 나면 근로 시작일로부터 14일 이내 4대사회보험정보연계센터(http://www.4insure.or.kr)에 4대 보험 사업장성립 신고와 함께 신규채용 직원의 4대보험을 신고해야 한다. 사업장신고를 하면 사업장관리번호라는 것을 부여받는다. 보통 '사업자등록번호+0'이다. 사업장이 여러 곳인 경우에 끝 번호가 1, 2 이렇게 하나씩 올라간다. 사업장관리번호는 고용보험 홈페이지(https://www.ei.go.kr) 회원 가입할 때 기업회원 아이디로 활용된다. 고용보험 홈페이지에서 고용 창출 및 유지 관련 지원금을 신청하고 확인할 수 있기 때문에 꼭 가입해야 한다.

매월 근로자에게 급여를 지급하기 위해서는 위 업무를 반복해야 한다. 그리고 급여는 매월 조금씩 달라진다. 주로 연장근로수당이 매월 다르고, 주휴수당이라는 것도 다르고, 수당과 비과세급여도 다를 수 있다. 그래서 그때마다 4대보험료도 바뀌고 근로소득세도 바뀌는 것이 정상이다. 그럼 매월 근로자별로 월보수액 변경신고라는 것을 해야 한다. 정말 귀찮은 일이다. 그리고 직원을 신규 채용할 때 또 반복해야 하고, 직원이 퇴사할 때도 다시 진행해야 한다. 채용과 퇴사 때는 일할 계산해서 급여를 계산하고 다음 달 다시 조정도 해야 한다. 이런 일을 창업자가 정확히 처리하려면 하루 8시간이 모자랄 수도 있다. 반복하다 보면 어느 정도 익숙해지겠지만 하나라도 계산이 잘못되면 돈과 관련된 업무이기 때문에 곤란한 일을 겪을 수도 있다.

회계사와 기장대행 계약 필요

그래서 추천한다. 창업자가 굳이 이런 업무를 할 필요가 없다. 초기 창업기업은 경리 담당 직원을 둘 수 있는 형편도 안 된다. 그냥 회계사와 계약하고 이 모든 업무를 맡기는 것이 편하다. 창업자의 급여책정, 4대보험신고, 납부, 연말정산 이런 것들이 있다는 것만 알고 있으면 된다. 그 업무를 직접 할 필요는 없다. 이 업무 말고도 창업자는 해야 할 일이 너무 많다. 그 시간에 다른 일하는 게 훨씬 현명한 방법이다.

비용은 월 10만원 내외로 가능하다. 주변에서 쉽게 회계사를 찾을 수 있다. 세무사도 그 업무를 대행한다. 회계사가 직접 처리해 주는 곳도 많다. 기장대행료는 월 5만~15만원까지 다양하다. 하지만 초기 창업기업이고 개인사업자인 경우 10만원 정도면 충분하다. 창업자가 잘 모르면 기장대행료를 너무 비싸게 주는 경우도 있으니 주의하기 바란다. 회계사를 찾을 때는 잘 알고 지내는 친척, 선후배와는 하지 마라. 나중에 업무처리와 관련하여 부탁하거나 물어볼 때 가까운 사람이기 때문에 부담스러운 경우가 있다. 모르는 회계사와 진행하면 전혀 부담 없이 업무 요청이나 질문을 할 수 있어서 좋다. 주변에서 회계사를 찾아보다가 진짜 방법이 없으면 나한테 e-mail로 연락해라.

(2) 3년간 고용지원금 5,200만원 받기

┌─○ **핵심 요약** ○─────────────────────────────────

• 근로자 고용 시 신청만 해도 3년간 약 5,200만원(연평균 1,700만원)까지 지원받을 수 있는 고용지원금이 있다. 창업자는 고용지원금을 받기 위해 정책을 이해하고 있어야 한다.
• 일자리안정자금, 두루누리 사회보험 지원금, 청년추가고용장려금 등 3가지 고용지원금을 받을 수 있도록 신규 근로자의 고용절차를 따라야 한다.

신청만 해도 3년간 약 5,200만원 지원

창업기업에서 직원을 고용할 때 다양한 고용지원금을 받을 수 있다. 지원금을 받을 수 있는 자격이 되는 인원을 충원하면 대부분 받을 수 있는데 창업자가 근거 서류를 갖춰 직접 지급신청을 해야 한다. **지급신청이 까다로운 것은 아니지만 자격이 안 되는 고용, 신청기간 만료, 지원금 부족 등으로 인해 지급이 안 되는 경우가 많다.** 그 때문에 창업자는 중요한 고용지원금에 대해서는 공부를 해야 한다. 그래야 손해를 보지 않는다. 고용지원금은 너무 많아서 다 설명할 수는 없다. 게다가 그 조건이 자주 바뀐다. 따라서 누군가를 고용하기 전에는 여러 가지 고용지원금에 대한 현황을 확인하고 고용해야 한다. 상세한 고용지원금 내용은 고용보험 홈페이지(www.ei.go.kr)에서 확인할 수 있다.

▶ 3명이 공동 창업할 때(5인 미만 사업장) 주요지원금 가능 내역

　현재 기준으로는 ① 일자리안정자금, ② 두루누리 사회보험료 지원금, ③ 청년추가고용장려금 등이 중요하다. 모두 자격이 되는 인원을 고용해서 신청만 하면 받을 수 있는 지원금이다. 3명의 청년창업자(만 34세 미만)가 5인 미만으로 공동 창업한다고 가정하고 월평균보수를 200만원으로 책정했다고 한다면 아래 표와 같이 3년간 약 5,200만원, 연평균 1,700만원, 월평균 145만원의 지원금을 받을 수 있다. 단지 자격조건만 갖추고 신청만 하면 된다.

구분	내역	지원 총액
일자리안정자금	일자리안정자금 15만원 × 12개월 × 3년 × 2명 건강보험료 60% 할인 별도	10,800,000원
두루누리 사회보험료 지원금 (고용보험료, 국민연금 총액의 90%)	고용보험료 3.33만원 × 12개월 × 3년 × 2명 국민연금 16.2만원 × 12개월 × 3년 × 2명 (소계)	2,397,600원 11,664,000원 (14,061,600원)
청년추가고용장려금	900만원 × 3년 × 1명 (최초 피보험자 1명은 제외)	27,000,000원
합계	연평균 17,287,200원/월평균 1,440,600원	51,861,600원

[3명의 청년공동 창업으로 3년간 주요 고용지원금 지원 가능 내역]

　이런 지원은 책을 쓰는 시점인 2019년 말을 기준으로 한 것인데, 매년 해당 내용은 조금씩 바뀐다. 지원금이 늘거나 줄거나 폐지되거나 신설되기도 한다. 연중에도 변경이 되기 때문에 창업자는 항상 관련 정보를 수집해야 한다. 그리고 실제 고용을 하고자 할 때, 정확히

말하면 직원을 고용하여 4대보험에 신고하고자 할 때, 이런 지원금 신청 및 가능 여부를 확실히 알고 신고를 해야 한다. 한번 신고하면 돌이킬 수 없으니 반드시 두세 번 확인하고 신고해야 한다. 이것은 회계사나 세무사도 가르쳐 주지 않는다. 창업자가 직접 알아보고 처리해야 한다. 현재 가장 중요한 고용지원금인 일자리안정자금, 두루누리 사회보험료 지원금, 청년추가고용장려금의 지원 내역, 자격조건, 신청 방법에 대해서 간단히 설명하겠다.

어떤 지원금이든 신청할 때는 해당 지원금의 공식 홈페이지나 지원 공고문, 지침 등을 창업자 본인이 직접 찾아봐야 한다. 현재 상황에 따라 지원금을 받을 수도 있고, 못 받을 수도 있다. 주변 지인이나 인터넷 블로그를 통해서 일부를 알아볼 수는 있겠지만 창업자별로 독특한 상황이 있어 정확하게 확인할 수 없다. 가장 좋은 방법은 공식 문서, 공식 홈페이지를 통해 상세 내역을 확인하고 그때도 모르겠다면 담당 공무원에게 물어봐야 한다. 다만 담당 공무원에게 전화하여 확인했다고 해서 해결되는 것은 아니다. 담당 공무원은 민원인을 도와주려고 할 뿐, 실행에 대한 책임은 지지 않는다. 모든 것은 참고하되 창업자 본인이 스스로 결정하고 선택해야 한다.

일자리안정자금: 3년간 1,080만원 지원

[일자리안정자금 홈페이지: http://jobfunds.or.kr]

30인 미만 사업장에서 신규 근로자를 고용할 때, 월급여가 최저임금 이상이면서 최대 210만원 이하인 경우 일자리안정자금 13만원을 받을 수 있다. 만약 5인 미만 사업장이라면 최대 15만원까지 받을 수 있다. 예를 들어 3명의 청년이 창업할 때 1명은 대표자가 되고 나머지 2명을 고용하면 매월 15만원×2명=30만원의 일자리안정자금을 받을 수 있다. 그뿐만 아니라 5인 미만 사업장의 신규 근로자는 건강보험료도 60% 감면된다.

여기서 창업자가 중요하게 알아야 할 사항은 신규 근로자의 월평균보수가 210만원 이하여야 한다는 것이다. 월평균보수에는 상여금,

연장근로수당 및 각종 수당이 포함되는 것이기 때문에 정확히 확인하고 월급여를 정해야 한다. 단, 비과세급여는 제외된다. 월평균보수가 210만원 초과되면 일자리안정자금을 받을 수 없다. 그 모든 시점은 신규 근로자의 4대보험 신고일 기준이다.

구분	내용
정의	최저임금을 준수하고 **월평균보수 210만원 이하의 근로자를 고용하는 사업주에**게 해당 근로자마다 월 최대 13만원을 지원해 주는 고용지원금
홈페이지	http://jobfunds.or.kr
지원금액	**5인 미만 사업장 근로자 1명당 월 최대 15만원** **5인 미만 사업장의 경우 건강보험료 60% 할인**
지원대상	근로자 30명 미만 고용한 정상적인 영업이익 많이 없는 사업주, 감원, 해고, 임금 체불 있으면 안 됨. 고용유지 해야 함.
지원요건	**월평균보수 210만원 이하 근로자 고용(최저임금의 120% 수준)** **근로자 급여는 전년도 월평균보수보다 더 높아야 함**
신청방법	고용보험, 4대사회보험정보연계센터, 국민연금EDI, 국민건강보험EDI, 고용산재보험토탈서비스 홈페이지에서 신청
핵심사항 알아두기	**신규입력을 고용할 때 월급여 210만원 미만으로 월평균보수 책정** **월평균보수 210만원은 비과세급여가 제외된 것임.** (단, 연장근로수당, 보너스 등은 월평균보수에 반영되기 때문에 급여 산정 시 주의 필요)

[초기 창업기업에게 필요한 일자리안정자금 주요 내용]

두루누리 사회보험료 지원사업: 3년간 1,400만원 지원

[두루누리 사회보험료 지원사업 홈페이지: http://insurancesupport.or.kr]

두루누리 사회보험료 지원사업은 근로자 10명 미만의 소규모 사업을 운영하는 사업자와 근로자에게 4대보험료 중 고용보험료와 국민연금보험료 2가지에 대하여 최대 90%까지 지원해 주는 사업이다. 근로자 5명 미만의 경우 90%, 10명 미만의 경우 80%까지 지원해 주며 최대 3년간 지원하다. 다만 근로자 월평균보수액이 210만원 미만이어야 하고 전년도 근로소득이 2,772만원 미만이면서 근로소득을 제외한 종합소득이 2,520만원 미만인 근로자만 해당된다. 신규 고용 시 바로 신청하는 것이 좋고 신규채용 근로자가 직전 연도 1년간 가입 이력이 없어야 한다. 기존인력을 신청할 때는 최대 40%까지만 지원한다.

구분	내용
정의	최저임금을 준수하고 **월평균보수 210만원 미만의 근로자를 10인 미만**으로 고용하는 사업주와 근로자에게 **고용보험료와 국민연금보험료를 최대 90%** 지원하는 사업
홈페이지	http://insurancesupport.or.kr
지원금액	5인 미만 사업장 사업주와 근로자 고용보험료와 국민연금보험료 90% 지원 신청일로부터 3년간 지원
지원대상	근로자 10명 미만 고용한 정상적인 사업주
지원요건	월평균보수 210만원 미만 근로자 고용(최저임금의 120% 수준) (고용보험료 지원) 지원신청일 직전 1년간 피보험자격 취득 이력이 없는 근로자와 그 사업주 (국민연금 보험료 지원) 2018.1.1. 이후 취득자로서 지원신청일 직전 1년간 가입 이력이 없는 자
신청방법	4대사회보험정보연계센터 홈페이지에서 신청
핵심사항 알아두기	신규입력을 고용할 때 월급여 210만원 미만으로 월평균보수 책정 고용보험료와 국민연금보험료 2가지만 지원 3년간 5인 미만 90%지원, 10인 미만 80% 지원

[초기 창업기업에 필요한 두루누리 사회보험료 지원사업 주요 내용]

청년추가고용장려금: 1명당 3년간 2,700만원 지원

아직까지 청년추가고용장려금 관련해서 별도의 홈페이지가 없다. 공식적으로는 고용보험 홈페이지(www.ei.go.kr) 기업서비스 내 '청년추가고용장려금' 메뉴에서 확인할 수 있다. 그곳 공지사항에 청년

추가고용장려금 지원사업 시행지침이 있으니 신청 시 참고할 수 있다. 청년추가고용장려금 지원사업은 고용보험 피보험자 5인 이상을 고용하고 있는 기업이 만 15세 이상~만 34세 이하의 청년 1명으로 정규직 직원으로 추가 채용하고 고용을 유지할 경우 연간 최대 900만원씩 3년간 최대 2,700만원을 지원해 주는 사업이다. **단, 5인 미만의 사업장 중에서도 성장유망업종, 벤처기업, 지식서비스 산업에 속하는 경우 청년추가고용장려금을 신청할 수 있다.** 청년추가고용장려금은 지원금액도 많고 범위도 넓어 매년 목표 인원이 조기 마감된다. 회계 연도 중간에 예산 초과로 지원이 끊기는 경우가 발생하기 때문에 늘 연초에 지원하는 것이 좋다. 5인 미만의 창업기업이 청년추가고용장려금을 신청하기 위해서는 일단 대표자가 최초 1명의 근로자를 고용하여 4대보험에 신고(M월)하고 다음 달(M+1월)에 두 번째 채용으로 청년을 고용하면 청년추가고용장려금을 신청할 수 있다.

구분	내용
정의	만 15세 이상~만 34세 이하 청년을 정규직 직원으로 추가 고용한 사업장에 1명당 연간 최대 900만원씩 최대 3년간 지원하는 사업
홈페이지	https://www.ei.go.kr
지원금액	청년추가 고용 1명당 연간 최대 900만원, 3년간 지원
지원대상	고용보험 피보험자 5인 이상의 사업장 **단, 고용보험 피보험자 5인 미만 사업장 조건은 아래 표 참고**

지원요건	1. 청년 정규직 신규채용 기업 규모별 청년 최저고용 요건 이상의 청년을 정규직으로 신규 채용 – 30인 미만 1명, 30~99인 2명, 100명 이상 3명 이상. – 기업규모는 전년 연평균 기준 고용보험 피보험자수, 신규 성립사업장의 경우 보험관계성립일이 속한 달의 말일 기준 피보험자수로 함. 2. 근로자수 증가 '기업규모별 청년 최저고용 요건' 이상 청년을 추가 채용하여, 전년 연평균 피보험자수(신규성립기업의 경우 성립일이 속한 달의 말일 피보험자수)보다 기업 전체 근로자수(피보험자수)가 증가해야 함. 3. 고용 예시 2020년 1월 창업(대표 1인) 2020년 3월 직원 1명 고용(고용보험 피보험자 1명) 2020년 4월 청년 1명 추가 정규직 고용(다음 달에 추가 고용한 1명)
신청방법	고용보험 홈페이지에서 신청(최초 고용 후 6개월 고용유지 후 신청)
핵심사항 알아두기	청년추가고용 전월에 고용보험 피보험자가 1명 이상 있어야 함(대표 제외). 5인 미만 신규사업장도 2번째 청년부터는 청년추가고용장려금 대상이 됨.

[초기 창업기업에 필요한 청년추가고용장려금 지원사업 주요 내용]

자세한 사항은 고용노동부에서 제공하는 '청년추가고용장려금 지원사업 시행지침'에서 확인 가능

① 청년추가고용장려금 지원사업 시행지침 성장유망업종(별첨 1, 2)

② 『벤처기업육성에 관한 특별조치법』('벤처법')에 따른 벤처기업

③ 지식서비스산업(별첨 3)

④ 문화콘텐츠산업(별첨 4)

⑤ 신재생에너지산업 분야 관련 업종

⑥ 중소벤처기업부가 지정한 대학 · 연구소 및 민간기업의 '창업보육센터 입주기업 · 역외보육기업'

⑦ 자치단체 또는 중앙단위 경제단체, 지역별 · 업종별 경제단체 및 협동조합, 기타 사업주 단체(비영리 법인) 및 특수 공법인이 자체적으로 지정 · 운영하는 '창업보육센터 입주기업 · 역외보육기업'

⑧ 청년 창업기업 중 사회적 기업가 육성사업을 통해 창업한 기업, 대한민국 창업리그(중기부) 수상자(팀)가 창업한 기업, 창조경제혁신센터이 각종 창업지원 사업 참여 기업, 대학별 자체 운영 창업지원 프로그램에 참여한 기업, 창업성공패키지(청년창업사관학교) 졸업기업

[고용보험 피보험자수가 1~5인 미만 사업장 중 신청 대상]

(3) 최저임금과 비과세급여의 활용

┌─o 핵심 요약 o──────────────────────────

- 근로자의 월급여는 가급적 최저임금(약 180만원)으로 한다.
- 월급여는 기본급만으로 고용지원금 받을 수 있는 최대 금액(210만원) 미만으로 한다.
- 비과세급여를 잘만 활용하면 월 100만원까지 추가 지급이 가능하며 고용지원금도 받을
  수 있다.

창업기업의 급여는 최저임금

▶ 최저임금 180만~210만원 미만으로 급여 책정

고용지원금을 받으려면 당연히 최저임금을 준수해야 한다. 최저임금 이상으로 급여를 줄 때 최대치는 두루누리 사회보험료 지원사업과 일자리안정자금 지원사업 두 가지 모두를 지원받을 수 있는 급여로 정해야 한다. **현재 두루누리 사회보험료 지원대상 최대 급여는 210만원 미만이고, 일자리안정자금 지원대상 최대 급여는 210만원 이하다. 따라서 현재의 기준으로 봤을 때 월급여 최대치는 210만원 미만이다.**

구분	시급	월급
2020년	8,590원	1,795,310원
2019년	8,350원	1,745,150원

2018년	7,530원	1,573,770원
2017년	6,470원	1,352,230원
2016년	6,030원	1,260,270원

[연도별 최저시급 및 최저월급]

창업기업에서는 최저임금만 지급하면 된다. 2020년 기준으로 대략 180만원을 최저월급으로 하면 된다. 만약 더 지급한다고 하더라도 210만원 미만으로 월급을 책정해야 한다. 연봉으로 계산하면 2,160만원에서 2,520만원 이하로 정하면 된다. 그래야 위 두 가지 고용지원금을 모두 지원받을 수 있다.

▶ 월급은 기본급만 지급하고 다른 수당을 포함하지 않는다

위에서 언급한 월평균보수(월급)는 기본급만을 말한다. 일체의 수당과 비과세급여는 포함하지 않는다. 특히 생산직근로자가 아닌 이상 연장근로수당이나 각종 수당(직급수당, 직책수당, 상여금, 복리후생비, 복지수당, 학자금 등)도 모두 제외해야 한다. 근로계약서상 급여항목에는 '기본급'만 지급하는 것으로 해야 한다. 만약 월급여(기본급)을 200만원으로 하고 매월 연장근로수당으로 20만원을 지급받는 근로자가 있다면 이 근로자의 월평균보수액은 220만원이 되기 때문에 일자리안정자금, 두루누리 사회보험료 지원을 받을 수 없다. 연장근로수당은 근로계약서에는 반영되지 않고 기본급만 포함된다. 초기 창업기업은 연장근로를 하는 경우가 빈번히 많기 때문에 최대한 기본급을 낮게 책정하고 수당으로 반영해야 한다. 그런 수당을 포함해서 월평균보수를 210만원 미만으로 유지해야 한다.

월급여 210만원 이상 주면서 고용지원금 받는 방법: 비과세급여

▶ 월급을 210만원 이상 줘도 고용지원금을 받을 수 있다

초기 창업기업이라도 최저임금만으로 잡아두기 어려운 능력이 출중한 근로자가 있을 수 있다. 그럴 때는 최저임금보다 훨씬 많은 월급을 줘야 하는데 월급이 210만원이 넘으면 고용지원금을 받을 수 없어 곤란하다. 그때 활용할 수 있는 것이 비과세급여다. 창업기업은 비과세급여를 적극적으로 활용하여 급여를 인상하면서도 고용지원금을 받을 수 있는 방법을 찾아야 한다. 비과세급여란 근로자 소득에 대해 세금부과를 제외하는 급여항목을 말한다. 근로자에게는 세금부담이 없고 국민연금, 건강보험, 고용보험 같은 4대보험료 요율에도 반영되지 않아 기업에도 절세의 효과가 있다. 비과세항목은 종류도 많고 한도금액, 자격요건도 자주 변경되기 때문에 항상 확인하고 반영해야 된다. 자세한 내용은 국세청 홈페이지(https://www.nts.go.kr) → 성실신고지원 → 원천징수(연말정산)안내 → 상세정보 → 근로소득 → 실비변상적 급여 등의 비과세 및 그 밖의 비과세 근로소득 메뉴에서 확인할 수 있다. 이 중에서 창업기업에 일반적으로 적용

할 수 있는 비과세급여 항목 5가지가 있다.

구분	내용 및 조건	최대 금액
식대비	근로자가 사내급식 또는 이와 유사한 방법으로 제공받는 식사 및 기타 음식물을 제공받지 않는 근로자가 받는 월 10만원의 비용	월 10만원
자기차량 운전보조금	근로자가 본인 소유 차량을 직접 운전하여 업무수행에 이용하고 출장여비 등을 받는 대시 정해진 지급기준에 따라 받는 월 최대 20만원의 비용	월 20만원
연구보조비	기업부설연구소 또는 연구개발전담부서에 속하여 연구 활동을 하는 근로자에게 지급하는 연구활동비 월 최대 20만원	월 20만원
자녀보육 수당	근로자 또는 배우자의 출산이나 6세 이하 자녀의 보육과 관련하여 사용자가 지급하는 월 최대 10만원의 비용	월 10만원
직무발명 보상금	발명진흥법에 따른 직무발명으로 받은 연 500만원 이하의 금액(2018년 300만원에서 2019년 500만원으로 상향 조정)	연 500만원

[창업기업에서 활용하기 유용한 비과세급여 항목 5가지]

초기 창업기업은 위와 같은 비과세급여 항목을 활용하여 근로자의 월급을 올려줄 수 있다. 당연히 기본급에도 포함되지 않으면서 4대 보험료도 증가되지 않는다. 이런 비과세급여를 모두 활용했을 때 고용지원금을 지원받을 수 있는 최대 연봉은 아래와 같다.

구분	기본급	비과세	월급 합계	최대 연봉
최저임금	180만원	0원	180만원	2,160만원
고용지원금 받는 최대 임금	210만원	0원	210만원	**2,520만원**

고용지원금 받는 최대임금 +비과세급여 4가지	210만원	60만원	270만원	3,240만원
고용지원금 받는 최대임금 +비과세급여 4가지 +직무발명보상금	210만원	60만원 (연 500만원)	270만원 (310만원)	3,240만원 +500만원 3,740만원

• 해당 내용은 2019년 기준, 최저임금, 비과세급여항목은 매년 변경되니 확인 필요

[창업기업에서 활용하기 유용한 비과세급여 항목 5가지]

　창업기업에서 위 5가지 비과세급여 항목을 잘 활용하면 근로자에게 최대 연봉 3,740만원을 지급하고도 210만원 미만의 월평균보수액을 유지하면서 일자리안정자금, 두루누리 사회보험료 지원금, 청년전용추가고용 지원금을 지원받을 수 있다.

　위 5가지 비과세급여를 지급하기 위해서는 해당되는 조건을 갖춰야 한다. 자가차량운전보조금은 근로자가 차량을 소유해야 가능하고 자녀보육수당도 근로자가 자녀가 있어야 한다. 근로자의 조건에 따라 지급 가능 여부가 결정된다. 나머지 3가지는 창업기업의 노력에 따라 좌우된다. 비과세급여 중에서 식대는 별다른 조건 없이 지급할 수 있다. 기업에서 점심에 식사를 제공하지 않고 회사카드로 식대를 대신 지급하지 않으면 된다. 연구보조비는 창업기업이 기업부설연구소나 연구개발전담부서를 설립하고 근로자를 연구전담요원으로 지정하면 지급할 수 있다. 직무발병보상금은 회사에 직무발명보상제도를 도입하여 연구개발을 독려하면 지급할 수 있다. 따라서 창업기업

에서는 기업부설연구소 또는 연구개발전담부서 그리고 직무발명보
상제도를 공식적으로 도입해서 비과세급여를 지급할 수 있는 여력을
확보해야 한다.

제3장

절세 · 복지 · R&D과제를 위한 자격

(1) 연구개발전담부서(기업부설연구소)

○ **핵심 요약** ○

- 초기 창업기업은 최소 2명으로 연구개발전담부서를, 최소 3명으로 기업부설연구소를 설립할 수 있다.
- 절세, R&D지원사업, 벤처기업확인 등을 위해 연구개발전담부서나 기업부설연구소 설립이 필요하다.
- 창업자가 2~3일이면 충분히 온라인으로 신고 가능하니 대행사는 쓰지 마라.

기업부설연구소나 연구개발전담부서를 설립하면 연구원에서 연구보조비 20만원을 비과세급여로 지급할 수 있어 근로자와 사업주 모두 절세 효과가 있다. 또 R&D정부지원사업에 신청할 때 가점을 받을 수도 있고 연구개발투자기업으로 인정되어 벤처기업 확인을 받을 가능성도 있다. 사업장 공간이 가능하다면 기업부설연구소를 설립하는 게 더 좋지만 어렵다면 연구개발전담부서를 설립해도 된다. 기업부설연구소 및 연구개발전담부서 신고는 한국산업기술진흥협회(https://www.rnd.or.kr)에서 온라인으로 신고한다. **초기 창업기업**

에 있어서 기업부설연구소의 경우 연구원 2명과 행정직원 1명, 최소 3명이 필요하다. 행정인원 1명은 연구전담요원이 될 수 없다. 연구개발전담부서는 연구원 1명과 행정인원 1명 총 2명만 있어도 설립할 수 있다.

한국산업기술진흥협회에는 신규신고요건(인적 요건/물적 요건), 신규처리절차, 신규신고서류 등을 상세하게 공지하고 있어 비교적 쉽게 기업부설연구소나 연구개발전담부서를 설립할 수 있다. 주변에서 150만~200만원을 받고 기업부설연구소 설립을 대행해 주기도 하는데 굳이 대행까지 맡길 필요가 없다. 창업자가 신고요건과 절차를 확인하고 2~3일 신고서류를 준비하면 충분히 온라인으로 설립신고를 할 수 있다.

(2) 직무발명제도

╭─○ 핵심 요약 ○─────────────────────────────────
│
│ • 직무발명제도를 도입하면 연간 500만원까지 비과세급여로 직무발명보상금을 지급할
│   수 있다.
│ • 한국발명진흥회에서 직무발명제도 도입 무료 컨설팅 서비스를 운영하고 있다.
│
╰──

직무발명제도 도입하여 직무발명보상금 비과세급여 500만원 활용

직무발명제도는 기업에서 근로자가 직무상 발명한 아이디어를 특허출원(회사명)을 하여 등록할 때 결과에 따라 보상금을 지급하는 것을 말한다. 주로 근로자에게 지급하는 제도인데 대표자도 발명자로 참여하면 보상을 받을 수 있다. 직무발명보상금은 발명보상, 출원보상, 등록보상, 실시보상 등이 대표적이다. **우리가 직무발명제도에서 주목해야 하는 것은 '발명보상'이다. 다른 보상은 특허출원 행위가 발생해야 보상금을 지급할 수 있는데 '발명보상'은 특허출원 여부와 관계없이 근로자의 아디이어와 발명 노력을 장려하는 성격의 보상금이다.** 근로자가 업무와 관련하여 좋은(사업주, 회사의 판단) 아이디어를 냈다고 생각하면 회사에서 근로자에게 '발명보상'이라는 명목으로 직무발명보상금을 줄 수 있다. 그리고 그 보상금 중 연간 최대 500만원까지는 비과세급여로 처리할 수 있다. 단 회사에 직무발명제도가 도입된 기업만 보상을 할 수 있고 회계처리가 가능하다.

한국발명진흥회 직무발명제도 도입 무료 컨설팅 활용

창업기업은 미리 직무발명제도를 도입해야 한다. 직무발명제도를 도입하는 방법은 두 가지다. 첫 번째는 **한국발명진흥회(http://www.kipa.org)의 직무발명제도 무료 컨설팅을 활용하는 것이다.** 한국발명진흥회 홈페이지 → 지원사업 안내 → 직무발명제도 컨설팅 프로그램 메뉴를 통해서 신청하고 무료로 컨설팅을 받아 직무발명제도를 도입할 수 있다. 이 프로그램은 한국발명진흥회에서 연중 수시로 접수받고 있으며 회사로 직접 찾아가 도입하는 방법을 무료로 컨설팅해 준다. 만약 여유가 있다면 컨설팅 프로그램을 신청해서 한 번에 직무보상발명제도를 도입하길 바란다. 뭐 고민할 필요도 없다. 가장 쉬운 방법이다. 두 번째는 한국발명진흥회 홈페이지에서 하라는 대로 진행하여 직접 도입하는 방법이다. 해당 사이트에 직무발명제도 도입방법이 순서대로 나와 있고 그에 따라 진행하면 도입할 수 있다. 그 순서는 아래와 같다.

구분	내용	필요문서
① 직무발명보상제도 규정 작성	직무발명보상규정 표준모델을 다운받아 읽어보고 회사에 맞게 수정해서 작성	직무발명보상 규정
② 사내직무발명제도 위원회를 구성해서 회의록 작성	회사 측 1명(대표자), 종업원 대표 1명 이렇게 두 명 모여서 직무발명보상규정에 대해서 규정을 협의하고 보상금액을 확정	직무발명보상규정 관련 회의록
③ 사내에 보상규정을 공지하여 의견 청취	공고문 만들어서 사내에 비치 회의 통해서 완성된 보상규정을 공고하고 의견을 청취함. 이의신청을 받을 수 있음.	의견청취 공고문 (사내용)

④ 사내직무발명제도 규정으로 확정된 내역을 다시 공고	직무발명제도 도입 확정 공고	직무발명제도 규정 확정 공고문

[직무발명제도 도입방법]

보상규정을 만들 때 주의할 사항은 '발명보상'에 대해서 작성하는 것이고, 보상금액의 최대치는 높게 해 놓으면 좋겠다. 한국발명진흥회 홈페이지 자료실에서 직무발명 보상규정 표준모델을 샘플로 제시하고 있으니 그것을 다운로드받아 활용하면 된다.

[별표 1] 발명평가기준

평가요소(점수)	평가기준(점수)			
기술성(20)	낮음(5)	보통(10)	높음(15)	매우 높음(20)
실시가능성(20)	실시가능성 낮음(5)	부분적인 보완 후 실시가능(10)	즉시 실시 가능하지만 추가적인 시설 필요(15)	즉시 실시 가능(20)
독창성(20)	직무상 당연히 착상 가능(5)	문헌, 기타자료에 의해 착상가능(10)	다른 발명을 독창적으로 개량·고안(15)	극히 독창적이며, 고도의 기술(20)
경제적가치(20)	연간 매출 1억원 미만(5)	연간 매출 3억원 미만(10)	연간 매출 10억원 미만(15)	연간 매출 10억원 이상(20)
독점성(10)	회사 외부의 제3자 발명을 이용해야만 실시 가능(이용발명)(3)	공유권리자 및 무상의 실시권자 존재(6)	완전한 독점 가능(10)	
기술의 수명(10)	1년 미만(3)	5년 미만(6)	10년 미만(8)	10년 이상(10)

1. 평가점수의 합계가 45점 이상인 경우: 승계
2. 평가점수의 합계가 60점 이상인 경우: 승계 및 국내출원
3. 평가점수의 합계가 80점 이상인 경우: 승계, 국내출원 및 해외출원

출원보상금		등록보상금		출원유보보상금		발명보상금
특허	○○만원(국내) ○○만원(해외)	특허	○○만원(국내) ○○만원(해외)	특허	○○만원	
실용신안	○○만원(국내) ○○만원(해외)	실용신안	○○만원(국내) ○○만원(해외)	실용신안	○○만원	○○만원
디자인	○○만원(국내) ○○만원(해외)	디자인	○○만원(국내) ○○만원(해외)	디자인	○○만원	

[직무발명보상규정 표준모델에서 보상규정 예시]

(3) 연구개발투자비율 10%

┌─○ **핵심 요약** ○─────────────────────────────────

- 회계사와 미리 상의하여 연구개발투자비율 10%를 달성할 수 있도록 연구원 인건비 및 기술투자비 항목을 미리 파악해야 한다.
- 연구만 하고 매출이 하나도 없으면 연구개발투자비율 10%를 달성할 수 없기 때문에 반드시 매출이 필요하다.
- 연구개발투자비율이 10%가 넘어야 정부R&D지원사업 등에 신청할 수 있는 기회가 많다.

창업지원금을 받고도 기술개발을 하다 보면 자금이 계속 부족하다. 창업지원금을 받은 후에는 정부R&D지원사업을 준비해야 한다. R&D사업은 기술개발과 관련된 개발비만을 지원하는 사업으로 보통 1.5억~2억원 정도 된다. R&D사업은 일반적으로 7년 미만의 중소기업에 지원한다. 초기 창업기업이라고 해서 별도의 특혜가 있지 않다. 기업의 업력이 아닌 특별한 자격조건에 따라서 R&D사업에 지원할 수 있는 자격을 갖출 수 있다. 특별한 자격조건이 없으면 경쟁이 가장 심한 R&D사업에 지원해야 하기 때문에 합격률이 낮다. 업력이 7년 미만인 중소기업이 신청할 수 있는 대표적인 R&D사업이 중소벤처기업부의 창업성장기술개발사업 디딤돌창업과제 사업이다. 1년에 4~5회 모집하는데 연간 2회까지 지원 가능하다. 신청자격은 7년 미만 중소기업으로 대부분의 중소기업이 해당된다. 경쟁률이 매우 높다.

사업명	신청자격	지원기간	지원금액	사업계획서 양식
창업성장기술개발사업 디딤돌창업과제	7년 미만 중소기업	1년	1.5억원	동일한 양식
창업성장기술개발사업 혁신형창업과제	7년 미만 중소기업 +특별한 자격조건	2년	4억원	

[디딤돌창업과제와 혁신형창업과제 R&D사업 비교]

그런데 창업성장기술개발사업 혁신형창업과제 사업의 경우 특별한 자격조건이 있는 7년 미만의 중소기업이 신청할 수 있는 사업이다. 1년에 2억원, 2년간 최대 4억원을 지원하는 사업이다. 특별한 자격조건이 있는 기업은 동일한 사업계획서 내용으로 창업성장기술개발사업 디딤돌창업과제와 혁신형창업과제 사업에 둘 다 신청을 할 수 있어 기회가 훨씬 많다. 게다가 혁신형창업과제는 지원금액도 많고 지원기간도 길어 훨씬 좋은 사업이다.

특별한 자격조건이라 하면 기업부설연구소 보유기업, 벤처기업, 해외현지 법인보유기업, 대기업 분사기업, 기술도입형 기업, R&D집약형 기업, 창조경제혁신센터 우수보육기업 등이 있다. 그런데 R&D사업마다 매년 해당 자격조건이 바뀌기 때문에 실제 공고가 나올 때 정확히 확인할 수 있다. 어떤 조건은 기업을 설립할 때부터 자격을 갖게 되고 어떤 조건은 1년 전에 미리 갖춰야 하는 것도 있다. 그리고 대부분은 창업자의 노력에 따라서 자격조건을 갖출 수 있다.

이 중에서 'R&D집약형'이라는 조건이 있는데, 이 조건은 보통 '매출액 대비 연구개발투자비율이 10%가 넘는 기업'을 말한다. 이 자격의 증빙서류는 전년도 재무제표(매출액 대비 연구개발비로 확인)다. 공고를 보고 그해에 준비하면 늦는다. 전년도의 재무제표는 매년 3월에 확정되는데, 그전에 연구개발투자비율이 반영되어 있지 않으면 자격이 없는 것이다. 초기 창업기업은 대부분의 비용이 연구개발비인데, 재무제표에 그것을 반영해 놓지 않으면 자격을 어이없게 상실한다. 재무제표에 연구개발투자비를 가장 쉽게 반영하는 방법이 기업부설연구소나 연구개발전담부서를 설립하여 연구전담요원으로 등록하는 것이다. 연구전담요원의 인건비는 전액 연구개발투자비가 된다. 기업부설연구소나 연구개발전담부서 없이 개발팀 직원의 인건비를 연구개발투자비로 하려면 회계상으로 처리가 어렵다. 때문에 기업부설연구소나 연구개발전담부서 설립이 필요한 것이다.

그리고 적은 금액이라도 매출이 필요하다. 만약 매출액이 전혀 없으면 연구개발투자비율을 계산할 수 없다. 매출액이 없는데 연구개발투자비율을 어떻게 계산한 말인가? 따라서 10원이라도 매출이 필요하다. 이러한 조건을 갖추기 위해서 창업자는 미리 준비를 해야 한다. 그리고 재무제표에 연구개발투자비를 반영하기 위해 미리 회계사와 상의해야 한다. 뭘 알고 있어야 회계사랑 상의도 할 수 있다. 그외 다른 특별한 조건은 초기부터 갖추기 어려운 것들이다. 그나마 제일 쉬운 것이 연구개발투자비율을 10% 이상으로 달성하여 'R&D집약형' 기업이 되는 것이다.

자격조건	내용	초기 창업기업 가능성
글로벌지향형	해외 현지 법인 또는 지사를 설립한 창업기업	거의 불가능
스핀오프형	대·중소기업의 사내벤처(창업) 프로그램 등을 통해 분사한 창업기업	태생부터 정해져 있음
기술도입형	공공연구기관 또는 대기업 및 중견기업으로부터 기술을 도입하여 추가 기술개발을 하고자 하는 창업기업	가능하나 로열티 계약 등 필요함. 어려움
R&D집약형	매출액 대비 연구개발투자비율이 10%가 넘는 기업	달성 가능성 높음
창조경제혁신센터 우수보육기업 연계형	창조경제혁신센터 보육기업 중 신청 마감일로부터 2년 이내에 액셀러레이터 투자(5,000만원 이상)를 받은 기업	태생부터 정해져 있음
벤처기업	벤처기업확인 기업	초기에는 어려움

[더 좋은 정부R&D지원사업에 신청할 수 있는 특별한 자격조건]

(4) 청년내일채움공제

○ **핵심 요약** ○

- 청년 근로자는 2년간 300만원을 납입하면 1,600만원 이상을 수령할 수 있다.
- 공제금액 중 기업부담금도 정부 지원을 받기 때문에 기업부담금은 없다.
- 창업기업은 청년 고용 후 6개월 이내 신청 여부를 결정하면 된다.

[청년내일채움공제 홈페이지: https://www.work.go.kr/youngtomorrow]

청년내일채움공제는 중소기업에 정규직으로 취업한 청년들이 장기근속을 위하여 고용노동부와 중소벤처기업부가 공동으로 운영하는 사업으로 청년·기업·정부가 공동으로 공제금을 적립하여 2년(2019년 2~3년에서 2020년부터 2년으로 통합) 근속한 청년(만 15세 이상 34세 이하)에게 성과보상금 형태로 만기공제금을 지급한다. 기업도 공제금을 부담하게 되어 있지만 기업이 부담해야 할 공제금도 정부에서 전액 지원한다. 오히려 기업에는 연간 50만원 행정지원금을 지원한다.

구분	내용
지원내용	- 가입기간: 2년(2020년부터 2년형으로 통합) - 청년납입금액: 2년간 300만원(월 125,000원) - 정부의 취업지원금: 2년간 900만원 - 기업의 부담금: 2년간 400만원(전액 정부 지원) - **2년 만기공제금: 1,600만원 + 이자**
지원연령	만 15세 이상 34세 이하(단, 군필자의 경우 복무기간 추가 최대 만 39세)
고용계약 형태	정규직(계약직은 안 됨.)
고용보험 이력	정규직 취업일 현재 고용보험 가입 이력이 없거나 최종학교 졸업 후 **고용보험 총 가입기간이 12개월 이하인 경우(다른 곳에서 1년 이상 직장생활 했으면 가입대상 안 됨.)** (단, 3개월 이하 단기 가입이력은 총 가입기간에서 제외) 다만, 고용보험 총 가입기간이 12개월 초과자이더라도 최종 피보험자격 상실일로부터 실직기간이 6개월 이상인 자는 가능
신청방법	**워크넷-청년공제 홈페이지(www.work.go.kr/youngtomorrow)에서 참여 신청** 운영기관의 워크넷 승인 완료 후 중소벤처기업진흥공단 청년내일채움공제 홈페이지(www.sbcplan.or.kr)에서 청약 신청
신청기간	정규직 취업일(채용일) 전후 6개월 이내 중소벤처기업진흥공단 청약 신청 청약신청은 워크넷 참여 신청을 거쳐 중소벤처기업진흥공단 청약신청까지 완료하여야 함

[청년내일채움공제 개요]

초기 창업기업에 유능한 인재를 참여시키고 이직 없이 고용을 유지할 수 있도록 하는 복지제도라고 할 수 있다. 2020년부터는 2년형으로 통합되고 지원 인원을 25만 명에서 35만 명으로 확대한다. 장기근속을 위해 12개월 내 이직 시 해지환급금을 미지급하고 청년의 임금상한액을 350만원으로 낮췄다. 청년·기업의 공제 가입 및 계속근로 여부 결정에 도움이 되도록 탐색기간을 6개월로 연장했다. 따라서 유능한 청년 인재를 고용할 때 잘 활용해야 한다. 자세한 내용은 고용노동부 워크넷 청년내일채움공제 홈페이지에서 확인하고 신청하길 바란다.